「新しい学校生活」のための感染症対策ハンドブック

鎌塚優子 ＋ 大沼久美子 編著

学校の1日と感染症対策
〈小学校 編〉

登校

多くの学校で、児童は登校班で通学します。登校班が集合場所から出発するまでの時間、近い距離で話をしたり触れ合ったりすることが散見されます。そのように、フィジカルディスタンス（約2m）が十分にとれないような場合は、自宅の玄関を出るときから、マスクを着用することを指導することが大切です。

また、梅雨や夏季等、季節によっては、熱中症の予防の観点からマスクを外すことが望ましい場合もあります。感染状況や季節の温度環境に応じて、指示を出すことが求められます。児童は、友人らと話しながら通学路を歩くことが常です。感染症防止の観点から、会話を控え、一列で距離をとって歩くように指導をします。高学年の児童に、通学班における留意点を指導することで、中学年や低学年の児童へ波及していくメリットも考えられます。

 登校班：いざ出発チェック！
出発前に5つ確認しよう

□ マスクはもちましたか？　あるいはつけていますか？
□ 健康観察表はもちましたか？
□ 集合場所で整列ができましたか？
□ 帽子はかぶりましたか？
□ 学校へついたら教室に入る前に手を洗いましょう！

朝の会前

　各家庭に協力を仰ぎ、朝の検温・体調チェックの徹底を図ります。その際には、健康観察表を活用する等、記録を依頼し、登校時に提出、健康状態の把握をします。とりわけ、年齢の低い児童は、朝の検温に加え、家庭での検温も参考になります。体調不良時は夜間に発熱することも多く、夜間の検温が体調変化の様子を把握できるきっかけともなります。登校時に健康観察・検温忘れが分かった場合は、保健室等で検温・体調チェックを行います。体調不良が見られた児童は、家庭へ連絡し、速やかに迎えを依頼し、対応します。

家庭での 検温・ 健康観察	→	健康観察表へ 記入・ 保護者の確認	登校時、 教室に入る前に 担任が確認

ここに注意！ ① 手洗い

　教室に入るときは、毎回手を洗う習慣ができるように指導をします。手を洗うだけで、十分にウイルスや細菌を減らすことができます。休み時間に手洗いタイムとして、設定するのも一つの工夫です。手洗いの指導を定期的に実施し、確認することで、手洗いへの意識啓発になります。また、学校の水道は手動設備であることが多く、児童が触れるハンドルや蛇口も、手を洗うときに同時に石けんで洗い、同時に洗い流すことがよいとされています。

手洗いの機会

教室に 入る前	トイレに 行った後	休み時間	給食前	清掃後	共有物の 使用前後

朝の健康観察

　担任が朝の会等で実施する朝の健康観察に当たっては、個別の健康観察表とともに確認ができることが望ましいです。朝の健康観察で、体調不良やいつもと違う様子が見られた児童は保健室に内線等で伝え養護教諭からの指示を仰ぎ、対応をとります。また、健康観察の記録については、児童の訴えを具体的に記入するようにします。健康観察をする際には、児童が自分自身の体調を教師に伝えやすいクラスの雰囲気づくりを心がけます。

- 発熱の様子はないか
- 顔色はいつも通りか

- 声の様子や調子はいつも通りか
- 咳はないか、喉の痛みの訴えはないか

- 目の充血はないか
- だるそうにしてはいないか

　児童は新たな生活様式や集団生活における制限等で、さまざまな影響を受けています。本人にも自覚のない、見えないストレスが心身に影響を及ぼし、体調不良として現れることがあります。

　普段から、健康観察を丁寧にするとともに、心の様子やいつもと違った言動はないか等にも気を配ることが大切です。例えば、朝の健康観察において、体だけでなく、心の状態についての健康観察をしたり、心のアンケートとして児童直筆による心の健康調査を実施するのもよいでしょう。あるいは、オンライン調査を活用して、そうした健康調査等を定期的に配信することで、保護者を通しつつ、児童の心の状態の把握をする工夫も考えられます。保護者と児童が一緒になって心の健康状態に向き合うための時間をとることにもつながります。

- 日々の健康観察
- 家庭との連携

心と体の体調確認

体調管理
- 家庭と連携した毎日の検温と健康観察表の実施
- 学級における健康観察

- 毎日の活動における健康観察
- 調査等を通じた健康状態の把握

心の健康観察

心と体へのケア
- ストレスへの配慮や実態に応じた支援指導
- 養護教諭やSCとの連携

授業中

【教室での授業の基本的な対策】

授業中は、飛沫防止の観点から、身体的距離が十分とれないときは基本的にマスク着用です。特に、近距離での活動や会話のある場合には、マスクをしっかりと着用することが必要です。また、発表活動、話し合い活動などのグループワークでは、児童同士が密になりがちです。身体的距離は1mを確保して活動を行えるようにすることが望ましいですが、教室のスペースにも限りがあります。対面での活動は避けるような机の並びや座席の配置、児童の整列に工夫をします。発表の際には、発表を聞く児童と同様の一方向を向いた状態で発表をさせるなどの工夫も考えられます。

また、算数や図工等、教科によっては学級で資料や教具の共用もあります。その際には、使用前後の手洗いの実施や共用となる物品の消毒を実施します。感染症防止策を十分に図ることができない活動については、内容や実施時期の変更も検討することが大切です。

マスクの着用

横列・縦列での活動　　飛沫感染防止　　換気の徹底

身体的接触は避ける

【国語や算数、社会】

国語や算数等の教科の授業では、例えば教科書の音読等はマスク着用で実施します。発言や、黒板での発表は通常通りの実施でかまいません。ただし、共有物品や共有教材を使用する場合には、使用の前後に手洗いをするようにします。

【理科】

理科の授業では、実験や実習によって深い学びにつながる内容も多く、体験的な学びを進めたいところですが、感染リスクをふまえ、共同作業となるようなことはなるべく控えましょう。屋外での観察学習やICTを活用した学び、演示実験等でそれに代えてもよいでしょう。理科室の使用は、一つの実験机を使用する際には、互い違いに座る、一方向を向いて座る等の工夫をし、向き合うことがないようにします。

【体育】

　授業開始前には、健康観察をていねいに適切に実施します。実施日の気温や1日の時間割との関係をも踏まえて、内容について考慮します。実施場所は、基本的には屋外が望ましいです。しかし体育館や屋内運動場にて実施する場合には、可能な限り窓や扉を開放し、換気を十分に実施したうえで行います。体育授業時のマスク着用  は、身体リスクを考慮し、必要ないとされています。マスクを外している場合には、フィジカルディスタンスを2m以上確保します。

　準備体操は、ランニングや柔軟体操を実施するにあたり、身体的距離を保つ、2人組は避けるなど工夫が必要です。1人でも可能な体操や、リズム体操などがよいでしょう。

　体育の学習内容については、可能な限り感染リスクを低減することを考慮して、実施時期などを検討します。内容や時期の決定については、学校単位及び学年単位で検討し、学習内容に偏りが出ないようにします。また、体が運動に慣れていないことや健康診断が十分でないことも考慮し、学習内容を決定します。

　授業の際には、水分補給ができるように水筒を近くに持参します。また、マスク脱着の工夫としては、教室で脱着させることや、マスクケースを準備するなどの工夫も考えられます。

体育における内容	留意事項
ボール授業の扱い	・ボールを介して感染リスクがあります。感染状況により、ボールを使う運動は控えます。 ・ボールの消毒は品質低下や劣化を招く恐れがあります。ボール使用後の手洗いを徹底します。
鉄棒や外遊具の使用	・屋外は雨が降ったり風が吹いて土埃があがったりするので、消毒というよりは、使用後の手洗いを徹底することが大切です。
手つなぎ競技やリレー	・授業後及び競技後に手洗いの実施をします。
返事や号令、応援や掛け声について	・適度な間隔を取っていれば問題はありません。号令や応援は、できる限り控えます。体育太鼓や笛等で代えることも考慮してください。
体育着や学年帽子、ビブスの扱い	・体育着や学年帽子、ビブスを使用した日は持ち帰り、洗濯をします。

【音楽（朝の会等の合唱含む）】

音楽の授業や朝の会等での合唱は、できる限り控えましょう。実施する場合には、広い空間で、換気を十分にしたうえで、マスクを着用し、児童同士の距離をとって実施します。鍵盤ハーモニカやリコーダーなどは個人教材ではあるものの、演奏中や演奏後の手入れ等で唾液が飛ぶ等、感染リスクがあります。当面は控えるのがよいでしょう。

休憩時間

「むんむん」（密閉）、「ぎゅうぎゅう」（密接）、「がやがや」（密集）を避ける過ごし方を児童に提案します。

むんむん対策	ぎゅうぎゅう対策	がやがや対策
●窓や扉の全開タイム	●クラス分割グループの作成 ●室内グループと外遊びグループとに分割 ●決められた場所以外へは移動しない	●フィジカルディスタンスを保つ工夫 ●会話を少なくした活動

むんむん対策 休み時間は換気タイムとします。窓や扉を全開して、教室の空気を総入れ替えするとよいでしょう。

ぎゅうぎゅう対策 クラス分割グループを作ります。例えば、クラスを半分に分け、教室等の室内で過ごすグループと校庭等の外遊びのグループとに分割して休み時間を過ごす方法です。

がやがや対策 児童同士が近距離で騒いでしまうのを避けるような過ごし方を提案します。外遊びでは適度な距離を保って遊ぶ方法を工夫します。室内では、読書や自由画描き、折り紙等、会話せずとも過ごせる活動を工夫します。

給食

給食前には、児童全員が石けんを使用して手洗いを丁寧に行います。手指用アルコール消毒液がある場合には、手洗い後、十分に手指を乾燥させてから手指用アルコール消毒液を活用するとさらに効果的です。配膳中は、全員がマスクを着用し、会話は極力控えます。「いただきます」とともにマスクを外し、会話はせずに喫食します。児童の机は対面にならないよう、一方向を向くようにします。

給食後（歯みがき・うがい）

給食後の歯磨きは、ウイルスの増殖を防ぎ、免疫力向上につながるなど、口腔衛生の観点だけでなく感染予防にも有効です。しかし、感染リスクがないわけではありません。口を大きく開けながら磨くことや、話しながら歯磨きをすること等は、口腔の水しぶきが飛ぶ等、感染リスクとなります。短時間で口をすぼめて行う、人との対面を避けて磨く等の配慮が必要です。

また、学校は蛇口の数や歯磨きの時間が限られていますから、一度に多くの児童が一つの場所で歯磨きをする等、密な状態や流し場の混雑が懸念されます。密とならないよう十分留意します。

さらに、うがいの際は、吐き出した水が流しに集まることのないよう、十分な流水で排水ができる状況か確認したうえで実施するようにします。

清掃活動

　清掃活動時は共同作業も多いためマスクを着用し、換気を十分に行うようにします。十分な換気ができないような清掃場所は、当分の間は児童には掃除をさせないなど留意します。短時間で清掃が終了できるように、清掃方法に工夫をします。低学年の児童は清掃に時間がかかり、児童同士が密になりやすいので特に注意します。清掃後は、必ず石けんを使った丁寧な手洗いをするように指導します。また、体調不良者の使用したトイレや教室は、生徒に清掃させることのないようにします。

教室掃除	廊下掃除	流し掃除	トイレ掃除
●布モップやワイパーモップの活用 ●乾いた雑巾で拭く ●一方向に拭く	●布モップ、ワイパーモップの活用 ●掃除機の活用 ●清掃担当人数を減らす	●クレンザーや合成洗剤の使用 ●十分に流水及び排水しながらの清掃 ●ハンドルや蛇口を石けんで掃除	●使い捨て手袋の活用 ●界面活性剤を用いた清掃

下校

　帰りの会の後、下校をする際には、昇降口に向かって速やかに移動できるようにします。学級単位で他学級と調整をしながら、階段や昇降口が密にならないよう工夫します。

　例えば、地区や学級単位で時間差をつけて移動したり、使用する階段を学級で割り振るなど工夫をするのもよいでしょう。

　集団下校あるいは友達と複数名で下校するような、フィジカルディスタンスが十分とれない場合はマスクを着用します。

　梅雨や夏の気温が高いときには、熱中症予防の観点からマスクは外します。特に集団下校時は密になりがちです。

　極力会話をしないよう、整列して、速やかに家路につくように指導します。

学校行事

　朝会や集会行事、また入学式や卒業式等の学校行事においては、3密を避ける工夫をします。

　具体的には、体育館や教室等の屋内での開催の場合には、換気を徹底することや、人と人とのフィジカルディスタンスを1mは確保すること等があります。また分割開催をする等、一度に入校する参加者数を減らし、人が密集することがないよう工夫をします。

　運動会や球技大会など、身体的な接触や発声を伴う応援がある行事については、感染状況に応じて、延期や中止も検討します。実施する場合には、参加人数の限定や制限、運営方法を工夫するなどして、開催時間の短縮を図ります。手洗いの徹底やマスクの着用は基本原則であることに変わりはありません。

学校外行事

　生活科見学や社会科見学、遠足などは、実施の目的を踏まえたうえで、内容について十分に検討をすることが望ましいです。万全な感染症防止対策と保護者の理解が求められます。

　一方で、林間学校や臨海学校、修学旅行等の宿泊を伴う行事については、学校所在地の感染状況及び目的地の感染状況や医療体制の状況を十分に考慮したうえで開催の可否を検討します。実施については、保護者の理解を十分に得ることが重要です。

（力丸 真智子）

ここに注意 ❗
❷
熱中症対策

梅雨や夏の時期は、感染症対策のためのマスクの着用や活動の制限・自粛等による運動不足を要因により、熱中症のリスクが高まります。とりわけ、熱中症の主症状は高熱や頭痛であり、新型コロナウイルス感染症の症状との判別が難しいとされています。熱中症は予防することで、発症を防ぐことができます。

☑ 意識的な水分補給：水筒持参
- ☐ 手洗い時
- ☐ 体育や活動の前後
- ☐ 休み時間前後

☑ 活動時や登下校では帽子をかぶる
- ☐ WBGT（暑さ指数）を確認しながら活動
- ☐ 体育や活動は、運動強度・体調に注意しながら実施

☑ 気温の確認
- ☐ エアコン・扇風機の活用
- ☐ 教室の気温を適宜確認
- ☐ 体感温度も参考にする

☑ 基本的な生活習慣を心がける
- ☐ 3食しっかり食べる
- ☐ 質のよい睡眠をとる

学校の1日と
感染症対策
〈中学校 編〉

登（下）校
朝の会
授業中
休憩時間
給食
歯みがき
清掃
部活動
学校行事

登（下）校

　中学生の登（下）校は集団ではないため、比較的「密」は回避できると思います。心配な場面は、校門や玄関口等での密集です。登下校時間帯を分散させます。公共交通機関をやむを得ず利用する場合には、降車後や登校時に速やかに手や顔を洗います。できるだけ乗客が少ない時間帯に利用できるよう配慮します。

朝の会

　朝の会では健康観察を必ず行います。朝の健康観察は感染対策の「かなめ」です。健康観察は1日のはじめに教員と生徒とが目を合わせ、表情を観察し「今日も1日、頑張ろう」と双方向で確かめ合う短くても大切な時間です。これにより生徒は教員と向き合う心構えができます。教員はそのような認識をもって、健康観察を行う必要があります。

　健康観察の視点は、心と体の両面を観察することです。生徒は悩みや不安があったとき「先生、悩みがあります」とはなかなか言えません。言葉で表出できる生徒は不安や悩みを認知できており、

相談もできます。しかし多くの生徒は不安や悩みは認知できず、または認知できていても「恥ずかしい」とか「迷惑をかけたくない」と感じて相談しません。そうして自分の心の中に押し込めて我慢していると、身体症状となって現れます。「何となく元気がない」「食欲がない」「表情が暗い」「おちつかない」「よく泣く」「頭痛や腹痛を訴える」「遅刻する」「早退する」「保健室に頻回来室する」「欠席する」「不登校になる」という経過をたどります。

　ですから、教員は感染対策時にも心と体の両面から健康観察を行う必要があります。新型コロナウイルス感染への恐怖や不安、それにまつわるいじめや新しい生活様式に伴うトラブルや悩みを早期に発見し対応します。

ここに注意！ ❶ 健康観察のポイント

健康観察の際は「大丈夫？」とはたずねないでください。「大丈夫？」と聞かれて「大丈夫じゃない」「だめです」といえる生徒はあまりいません。ほとんどの場合、「大丈夫か？」とたずねたら「はい、大丈夫です」と答えます（大丈夫ではないのに）。その背景には、「迷惑をかけたくない」という気持ちや「判断できない」「大丈夫かわからない」などが隠れています。

　生徒に状況を聞くときは、「大丈夫？」ではない言葉を選んでください。「痛いか？痛くないか？痛みは10のうちどのくらいか？」など、具体的な状態について生徒の認識を客観的に評価できる言葉かけを心がけます。

ここに注意！ ❷ 日直の号令

日直が号令をかけるときには、対面（向かい合って）で号令をかけるのではなく、同じ方向を向いて号令をかけるようにしましょう。当然、マスク着用のままです。

授業中

【教室での授業の基本的な対策】

授業のはじめと終わりには、生徒の健康状態を確認します。新型コロナウイルス感染症は、若年層の多くは症状が軽症もしくは現れないことがあります。しかし、教員は若手からベテランまで幅広い年齢層が生徒と接しています。慢性疾患や基礎疾患がある生徒や教員が感染した場合に、重篤な症状に移行することもあることから、生徒に少しでも体調不良の様子があれば声をかけ、保健室での検温等を勧めてください。各自が体温計を持参していればその都度、検温し確認することもよいと思います。

【保健体育科（体育分野）】

文部科学省からの通知をふまえ、スポーツ庁は中高校生に次ページの図のような運動を提案するとともに、次のような運動時の注意点を挙げています。

❶大人数が密集するような運動は行わない。

❷なるべく１人で運動する。

❸少人数で運動する場合は他人と密接しないよう十分な距離をあける。

❹運動するときも息が苦しくなければできるだけマスクをする。

　　マスクの夏場の着用は、熱中症の危険性が高まるため、必ずしも着用しなければならないということではありません。熱中症が発症する頻度を考えるとマスクの使用は控えた方がよいと思われます。

❺用具を使うときは消毒液があれば消毒してから使う。

❻友達との用具の使いまわしはしない。

❼運動の前後は手洗いやうがいをする。特に用具を使ったときは入念に手を洗う。

❽体操着への更衣は、更衣室を利用しないまたは密集しない配慮を行う必要があります。

　　また、整列の間隔は最低1〜2mです。両手を広げた間隔くらいは取りましょう。返事や号令も、適切な間隔を取れば返事をしてもよいですが、号令はホイッスル等での代用を考慮するとよいでしょう。

〈運動取組カードの例〉　　（文部科学省ホームページより）

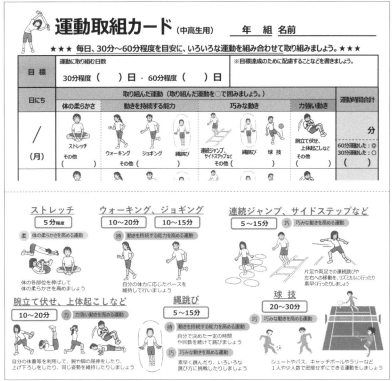

【美術科】

　美術室では、授業が始まる前と後に窓を全開にし、換気をします。換気扇があれば授業中も活用し、ない場合は窓を対角線上に開けておきます。物品の貸し借りはせず、座席は配置を工夫します。間隔を広げ、グループ学習は行わず個別の学習とします。対面を避けて座ります。マスクは着用します。授業準備や片付けは各自で行います。生徒があわてて準備や後片付けをして密集・密接とならないよう、余裕のある時間配分をします。

　準備や後片付けで生徒が教室を立ち歩く場合は、なるべく一方向に動線を確保し、すれ違わない工夫をします。共用の教材、教具、情報機器などは適切に消毒します。それらを触る前後で手洗いを徹底します。

【技術・家庭科や理科（理科室）】

　技術科室や家庭科室の座席配置は、グループ活動が前提となっています。グループ活動や実験・実習を伴わない学習は普通教室で行います。調理実習等の学習はマスクを着用し、窓を開け換気を十分に行い会話は控えます。調理した料理の喫食は可能ですが、対面を避け一方向に着席します。会話は控えます。感染の可能性が心配される地域レベルの場合は、単元の教育内容の順序を変更し、1人で作業可能な内容に切り替えます。

　理科の実験についてはガスバーナーを使用したり薬品を扱ったりすることから、換気は常に行います。顔を近づけることがないよう、作業を明確に指示します。できれば1人で作業するようにします。フェイスシールドや理科室に飛沫防止のビニールカーテンを設置することは、火を扱う場所ではお勧めしません。燃え移ったり溶けたりすることが考えられます。

【音楽科】

　新型コロナウイルス感染症は、飛沫感染やエアロゾル感染といわれています。そのため歌唱指導やリコーダー指導には気を遣います。マスクをし、適切な身体的距離（フィジカル・

ディスタンス）を確保するとともに、換気を常に行う、授業前後に手洗いを行う、屋外で一方向に向かって発声するなど対応策を考えます。また、「声を出さない」音楽科指導についても考えます。鑑賞の分野を先行して実施することも考慮します。

　以下は声を出さない指導の例です。

❶声を出さないで歌う

　発音・発声をしないで担当する旋律を頭の中で歌います（イメージします）。こうした活動は実際に声を出すより早く正確に旋律を記憶する際に有効です。またソルフェージュ能力を高めるなどといわれています。

❷手拍子で表現する

　声による表現を制限しているため、旋律を手拍子で表現します。音域が高くなるにしたがって強く叩いたり、強弱記号の設定にしたがって叩き方を変えたりして表現します。

❸指揮で表現する

　声による表現を制限しているため、拍や速度を感じ取りながら指揮で表現します。速度に関する記号や意味を理解し，四分の四拍子と四分の三拍子を指揮で表現します。

（参考：教育出版株式会社 音楽編集部「平成28年度版 中学音楽・器楽「音楽のおくりもの」」新型コロナウイルス感染症対策における音楽科の活動内容制限に対応した学習指導例」2020年4月
https://www.kyoiku-shuppan.co.jp/important/files/r3chuu_ongaku_shidourei.
pdf)

【外国語（英語）やその他の授業】

　教室等のこまめな換気の徹底や、マスクを着用するなどの基本は変わりません。あとは、以下の点に注意が必要です。

❶身体的な接触の回避

　外国語の授業では、コミュニケーションの一環としてハイタッチ等をするケースがあります。お互いの身体的距離を取る観点からそのような行動は避けるか相対せず背面タッチ、肘タッチ、足タッチなど新たなコミュニケーションを生徒とともに創造します。

❷体育館や大教室、屋外など広い空間での指導

　　通気と距離を確保する観点から、伝え合う活動に焦点を当てた授業を実施する際には、教室以外の広い空間を使用します。

❸生徒同士が接近しないための工夫

　　言語活動では机を向かい合わせにしたり、隣同士でつけたりすることがありますが、机は前に向かせます。適切な距離を確保するために、床にビニールテープを貼って位置を示すなど工夫します。またタブレット端末のカメラ機能やビデオカメラ、実物投影機を活用して、プロジェクターに接続し、スクリーンや黒板（黒板に模造紙等白い紙をはればスクリーンになります）に投影するなどICT機器を大いに活用し、近づかなくてもよい工夫をします。ICTの活用は学校教育に必須です。

ここに注意❹ 「適切な距離」とは

言うまでもなく、学校内でもソーシャルディスタンスが必要です。以下は「新しい生活様式」を踏まえた学校の行動基準になっていますので、確認しておきましょう。

（文部科学省「学校における新型コロナウイルス感染症に関する衛生管理マニュアル」（2020年8月6日ver.3）より）

「新しい生活様式」を踏まえた学校の行動基準

地域の感染レベル	身体的距離の確保	感染リスクの高い教科活動	部活動（自由意思の活動）
レベル3	できるだけ2m程度（最低1m）	行わない	個人や少人数でのリスクの低い活動で短時間での活動に限定
レベル2	できるだけ2m程度（最低1m）	リスクの低い活動から徐々に実施	リスクの低い活動から徐々に実施し、教師等が活動状況の確認を徹底
レベル1	1mを目安に学級内で最大限の間隔を取ること	適切な感染対策を行った上で実施	十分な感染対策を行った上で実施

ここに注意 ❺ エアコンの設定

エアコン使用時でも、基本的には教室の窓は開けておきましょう。温度設定はエアコンの出力により異なります。学校環境衛生基準では、「17度以上28度以下が望ましい」と示されていますので、その温度内になるよう調整しましょう。

休憩時間

　休憩時間には窓を全開にして換気をします。窓が一つしかない部屋は、部屋のドアを開けて、扇風機などを窓の外に向けて、ドアから窓に抜ける空気の流れをつくるのが上手な使い方です。逆に扇風機を部屋に向けると、汚れた部屋の中の空気が外に出ないで、部屋の中にとどまることがあります。

　また休憩時間は外で遊ぶ生徒、教室に留まって本を読む生徒、おしゃべりやふざけ合う生徒などがいます。いずれも休み時間中には手洗いをするように勧めてください。ふざけ合い（身体接触）はやめるように指導します。おしゃべりはマスクをして1m以上距離を取り、小さな声であればよいでしょう。読書は本の共用を避け、各自で本を持参します。本を共用した場合は手洗いをします。

給食

　給食の配膳は特定の生徒が行い、トングやお玉を共用してはいけません。おかわりの時も同様です。配膳の動線は一方向で交差しないようにします。1m以上の間隔をあけて並びます。「いただきます」をしてから「マスク」を外し、マスク入れに収納します。下膳も一方向とします。

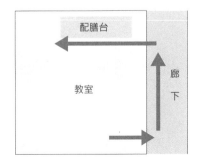

歯みがき

　感染症対策において口腔内を清潔にすることは大切です。口をブクブクすすぎ、静かに排水溝の近くの低い位置で吐き出します。流しは流水で洗い流します。学校歯科医に指導助言を仰ぎながら実施します。

清掃

　清掃はマスクを着用し「無言清掃」とします。地域の感染状況に応じて学校医や学校薬剤師に相談の上、中止するなどの措置を講じることも考慮します。清掃後は必ず石けんで手洗いを行います。

部活動

　準備運動を十分に行い、急激な運動は避けます。体が運動に慣れていないからです。必ず教員がついて、生徒の健康状態に留意しながら部活動を実施します。

　体育館での部活動は、通気をよくするため換気をしながら行います。1m以上の間隔をとります。大きな声は避けます。ボールの消毒はボールの品質を損ねるため推奨できません。しかし、消毒せずに使い回すのは感染リスクを増大させます。個人のボールに限定した使い方とするか、ボールを使用しないトレーニングを基本のメニューとします。

学校行事

　中学校でも多くの学校行事を中止したり、見直しをしたりせざるを得ません。

　例えば、修学旅行を例にしてみましょう。まず、感染対策という点で旅行業者との連携が不可欠です。生徒には団体行動中は適切なフィジカルディスタンスを取り、会話を控えること、手洗いや消毒の頻度を増やすこと、マスクを着用すること、宿泊施設等の消毒と部屋の換気を行うなどが考えられます。何より健康な状態で過ごすことが大切ですから、健康観察を徹底し有症者が発生した場合は、保護者に迎えに来てもらうなどの体制整備を行います。事前説明会等で保護者の理解を得ておくことが大切です。

　修学旅行中は班ごとに行動したり、不特定多数が利用する公共交通機関の利用や公共施設を訪れたりします。その分、学校にいるときよりも感染のリスクは高まります。クラスターが発生してもおかしくありません。実施に際しては万全な体制を整えるとともに、行動履歴を記録し、学校医等に旅行行程に即した助言を仰ぎ、保護者や教育委員会とも緊密な調整を行います。実施に際しては慎重な検討が求められます。

　旅行中に感染した場合は、その1〜2週間後に症状が出現することをふまえ、旅行後の健康観察の徹底や体調不良者への早期対応等も大切です。

　他の行事でも同様で、実施する場合には、感染対策を徹底することが大切です。

（大沼 久美子）

学校の1日と感染症対策〈役割別〉

管理職

　　管理職の職務は「校務をつかさどる」ことです。校務とは、①教育課程に基づく教育活動の事務、②教職員の人事管理事務、③児童・生徒管理に関する事務、④学校の施設・設備の保全管理、教材教具に関する事務、⑤文書作成や会計事務などの学校の内部事務、⑥教育委員会などの行政機関やPTA、社会教育団体などとの渉外（外部との交渉）に関する事務などが挙げられます。

　　管理職は、学校に集う生徒の命を守る義務があります。保護者は朝、わが子が学校に「いってきます」と出かけたら「ただいま」と帰宅すると信じています。そのため地域の感染レベルに応じて、文部科学省や当該教育委員会の通知通達を参考にしながら、適切な措置を講ずる務めがあります。その際は養護教諭を通じて学校医・学校歯科医・学校薬剤師等との連携は不可欠です。正体が見えない新型コロナウイルスだからこそ、生徒や保護者の不安は募ります。その不安が差別や偏見を引き起こすことも知られています。

　　不安を払しょくするためには、正しい知識が必要です。正しい知識を提供するのが、学校医・学校歯科医・学校薬剤師といえます。これらの専門職を積極的に活用し、学校の感染対策方針を明確に学校内外に示します。学校の感染対策方針は対応の根拠にもなります。これによりある一定基準に照らした対応が可能になるだけでなく、子どもや保護者、地域の信頼につながります。

　　また、感染症を発症した子どもには出席停止を指示することができます。さらに、消毒等適切な処置を講ずることが法律で示されています。

学校保健安全法　第19条（出席停止）
　　校長は、感染症にかかつており、かかつている疑いがあり、又はかかるおそれのある児童生徒等があるときは、政令で定めるところにより、出席を停止させることができる。

> **学校保健安全法施行規則　第21条**
> （感染症の予防に関する細目）
> 　校長は、学校内において、感染症にかかつており、又はかかつている疑いがある児童生徒等を発見した場合において、必要と認めるときは、学校医に診断させ、法第十九条の規定による出席停止の指示をするほか、消毒その他適当な処置をするものとする。
> 　2　校長は、学校内に、感染症の病毒に汚染し、又は汚染した疑いがある物件があるときは、消毒その他適当な処置をするものとする。
> 　3　学校においては、その附近において、第一種又は第二種の感染症が発生したときは、その状況により適当な清潔方法を行うものとする。
> 　　　　　　　　　　　　　　　　　　　　　　　　　　　　　　　　　　※下線は筆者。

保健主事

　保健主事の役割は「学校保健活動の調整役」です。保健主事は教員と管理職をつなぐ貴重な存在です。

　学校保健活動とは、保健教育、保健管理、保健組織活動です。これらを調整し生徒や教職員の健康を保持増進する役割が求められます。新型コロナウイルス感染症をはじめとした感染症が発生した際には、保健管理として第一に「健康観察」を徹底・強化します。これによりウイルスや細菌を学校内に持ち込まない対策を取ります。健康観察は、有症者の早期発見・早期対応が目的です。また、自身の健康を管理する自己管理能力の育成につながることも忘れてはならない点です。

　第二に「消毒などの感染予防対策」です。消毒はいつ、どこで、どのように、誰が行うのか、養護教諭と連携し体制を整備し、職員に周知徹底します。

　第三に感染者が発生した際の対応を考えます。感染が最小限に留まるようフローチャートに示し、職員研修を実施するなど管理職、教務主任等と調整し、リスクマネジメントをしておきます。

　保健教育では、生徒に感染症の正しい知識が身につけられるよう保健体育科の授業はもとより、朝や帰りの会、給食時の放送、学校行事に関連づけて、感染症に対する知識の啓発と正しい感染予防対策、偏見や差別のない生活について指導します。

　新型コロナウイルス感染症は解明されていないことが多いため、デマや誤った情報が発信されていることにも留意し、養護教諭と連携して学校医等を活用するなど、子どもに適切な知識に基づいた保健教育を行います。

学年主任・学級担任

　学年主任は学年の感染状況を把握し、学年行事実施の可否や留意事項を学年会議等で検討します。また、中学校は教科担任制であることから、学年としての行動方針を立てることが求められます。

　学級担任は子どもが身近に接する教員です。健康状態はもとより、感染不安によるいじめ（マスクをしないことへの叱責や感染者への差別的発言等）が起こらないよう、学級の状況を把握し、必要に応じて指導します。

部活動顧問

　部活動顧問も感染症対策では重要な役割を果たします。感染者が増えている状況では、できれば活動自体は避けた方がよいことは言うまでもありません。

　どうしても活動を行う場合は、まずは健康観察を実施しましょう。休日でも実施します。部活動開始前と部活動終了時に確認し記録をつけます。

　もし感染者や濃厚接触者として特定された場合には、保健所から行動記録が求められます。日常的な活動記録（部活動参加者、活動時間、活動メニュー等）とともに、個別の健康観察記録や行動履歴を記録することをおすすめします。

　そして、密集・密接が避けられるよう練習を工夫します。体育館などの屋内では、窓は全開し扇風機を併用するなどして、空気の流れをつくり換気をします。熱中症予防及び感染者発生時の濃厚接触者とならないためにも、15分に1回は身体的距離を確保して休憩をとります。

　休憩時は、給水、手を洗うとともに顔も洗います。手のひらだけでなく前腕付近まで流水で洗い、体表面を冷やします。これは熱中症予防にもなります。給水は250ml以上とってください。500mlのペットボトルで最低半分は飲みます。飲んだ量を可視化することで、熱中症対策にもなります。

（大沼 久美子）

はじめに（プロローグ）

　日本国内で新型コロナウイルス（COVID-19コービッドナインティーン）のニュースが流れたのが、2020年1月のことでした。わが国ではじめて発生、発見されたのは、1月15日頃であると言われています。

　それから数か月の間に、類をみないスピードで世界的に感染が拡大していきました。8か月が過ぎた現在もなお終息の目途が立っておらず、国や地域によっては今後も感染拡大が心配されるところもあります。

　わが国は、これまで経験したことのない岐路に立たされています。突然の休校や授業のオンライン化、学習保障をどのようにするかなど、課題が山積され、今もその対応に追われています。しかし、今回の状況は学校に多くの気づきをもたらしたことも事実です。これまで学校においては、あまり重きが置かれていなかった公衆衛生や予防医学、学校保健の知識の必要性や、未知のウイルスに対する危機管理体制などの見直しが図られています。

　また、「いつ終息するのか」という不安の中にも「終息したらこれまで通りの生活に戻れる」という期待がありますが、今後わが国は日常的、継続的に感染症対策が必要になると考えられま

す。なぜならば、現在、グローバリゼーションの進展によって、これまで限定的な地域のみで発生していた感染症が、国境を越えて世界的規模で感染が拡大する状況が発生しやすいからです。今後、常時、新型の感染症への対応に迫られることが予測されます。つまり、継続的な対応が必要となるのです。「新しい生活様式」は、現在の状況に留まらず、今後、当たり前の生活様式になっていくことも考えられます。

　本書は、今回の新型感染症対策に留まらず、今後も継続的に起こりうる「ウイルスとの戦い」をふまえた上で、子どもたちの命と人権を守る最前線にいる学校の教職員に向けて、最低限押さえておきたい感染症に関わる基礎知識を提供し、各学校で応用できるような内容で構成しました。

　本書によって、感染症やその基盤となる学校保健、予防医学の知識を深め、現在の対応や今後も起こりうるであろう感染症対策に役立てていただければ幸いです。

2020年8月

静岡大学教育学部教授　鎌塚 優子

目次

1章●感染症対策の基本 ……………… 31

2章●学校での対応 ………………… 49

※本書で使用のデータ・法令等の情報は、2020年8月中旬までのものに基づいています。

1章●感染症対策の基本

1 新型コロナウイルスの正体とその特徴

　2019年12月31日に、中国の湖北省武漢市の河南海鮮市場を中心に原因不明の肺炎が広まっていると、世界保健機関（WHO）中国事務所に報告されました。2020年1月9日に、いわゆる風邪から重症な肺の病気に至ることがあるSARS（重症急性呼吸器症候群）やMERS（中東呼吸器症候群）を引き起こす仲間である新しいコロナウイルスが原因であるとして、WHOが発表しました。1月11日には、中国国内初の新型コロナウイルスによる死亡者が告げられました。さらに1月13日に、初めて中国国外での新型コロナウイルスの感染がタイから報告され、その翌日に、わが国で武漢市に滞在歴のある男性から新型コロナウイルスの感染が確認されました[1,2]。新型コロナウイルス感染はまたたく間に世界各地でみられるようになり、都市封鎖、経済活動の停止、緊急事態宣言など平常な世の中にはない対応が次々と取られることになりました。

　私（袴田）の住む静岡県磐田市の小・中学校の多くは、3月上旬より5月下旬まで休校となっていました。3月29日には志村けんさん（享年70）が急逝し多くの人が悲しむ一方で、新型コロナウイルスの恐ろしさの印象を強めることにもなりました[3]。本原稿の執筆時点（7月11日現在）の国内事例のPCR陽性者20,753人、死亡者981人となっています[2]。発生からわずか3〜4か月で私たちの生活、取り巻く環境を大きく変えることになった新型コロナウイルスをみていこうと思います。

コロナウイルスと新型コロナウイルス

　これまでも多くの人々がコロナウイルスには何度か感染をしていることでしょうが、多くは「風邪」で済んでしまうため、大きな問題になることはありません。新型コロナウイルスを含めヒトに感染するコロナウイルスは全部で7種類が知られ、4種類が普通の風邪、3種類が重症な肺炎などを引き起こすものです[4,5]。コロナウイルスの仲間が世界中を震撼させるのは、21世紀になって3度目のことになります。

　もともと「コロナ」とは冠のような意味合いで、下図のように周囲にギザギザがついているためコロナウイルスと呼ばれています。2002年に中国の広東省でコウモリからヒトへの感染で広まったSARSコロナウイルス（SARS-CoV）、次に2012年には中東アラビア半島でヒトコブラクダが起源とされているMERSコロナウイルス（MERS-CoV）が挙げられます。そして、今回の新型コロナウイルスはSARS-CoVと遺伝的な情報の75〜80%が一致し、国際ウイルス命名委員会はSARS-CoV-2と命名しました。このウイルスによって引き起こされた様々な症状をCOVID-19（Coronavirus Disease 2019）と呼んでいます[4~7]。

新型コロナウイルス（SARS-CoV-2）の電子顕微鏡画像
（国立感染症研究所ホームページより）

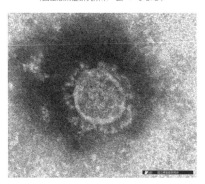

ヒトコロナウイルスの種類と特徴[5~7]

感染症名	普通感冒	重症急性呼吸器症候群 (SARS)	中東呼吸器症候群 (MERS)	新型コロナウイルス感染症 (COVID-19)
ウイルス名	ヒトコロナウイルス (4種)	SARSコロナウイルス (SARS-CoV)	MERSコロナウイルス (MERS-CoV)	新型コロナウイルス (SARS-CoV-2)
発生年	毎年	2002～2003年	2012年9月～	2019年12月～[※1]
症状	いわゆる風邪	風邪（発熱、乾いた咳、倦怠感）～重症な肺炎		
地域	世界中	中国広東省	アラビア半島と周辺地域	中国湖北省
自然宿主	ヒト	コウモリ	ヒトコブラクダ	コウモリ
感染経路	飛沫、接触	飛沫、接触、便	飛沫、咳	飛沫、接触、空気[※3]
感染者数	多数	8,096人	2,494人	12,286,264人[※2]
死者数	不明	774人	858人	555,642人[※2]
死亡率	不明	9.5%	34%	不明

※1　発生時期は諸説あり2019年11月とも12月とも言われています。
※2　2020年7月11日時点でのWHOホームページより。
※3　2020年7月上旬より議論が高まっています。

新型コロナウイルス感染症の症状

　新型コロナウイルスの潜伏期間は1～14日で、多くは5日ほどで発症します。症状は無症状、「風邪」のような軽症が多いと言われていますが、発熱、咳嗽、息切れ、肺炎による呼吸困難など多彩です。約80%が軽症、14%が重症、5%が最重症で、重症化は発症して1週間以降でみられるようになります[6・8]。

　発熱、乾いた咳、倦怠感が最もよく見られる症状であり、特徴的な症状として味覚や嗅覚の異常、手足の指先の変色が時々見られることがあります。

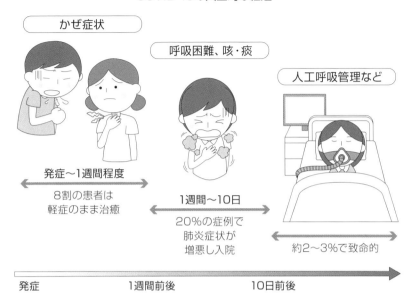

COVID-19の典型的な経過[8]

かぜ症状

呼吸困難、咳・痰

人工呼吸管理など

発症～1週間程度

8割の患者は
軽症のまま治癒

1週間～10日

20%の症例で
肺炎症状が
増悪し入院

約2～3%で致命的

発症　　　　　　　1週間前後　　　　　　10日前後

　他人への感染という点で考えていくと、新型コロナウイルスは大変やっかいなウイルスです。「最初の症状」は風邪とほとんど変わらず症状は軽く、仕事など日常生活を普段通り行うことができてしまいます。その陰で新型コロナウイルスは虎視眈々と感染の機会をねらっています。8割の方はそのまま治り、2割の方は1週間ほどして急激に悪化をしていきます。SARS、インフルエンザは初期から重症な症状が出て病気によって行動が制限されますが、軽症で動けるうちに他人にうつす可能性のある新型コロナウイルスは実に狡猾です[4]。

　高齢者（50代以降）高血圧や心臓の病気、糖尿病、肺の病気、がんなどの方は重症になりやすいといわれています[4,8]。これまでの報道などにあるように成人に比べると子どもは新型コロナウイルスにかかりにくい、かかっても軽症であることが多いと言われています（「2章5　皮膚と粘膜のはたらき」の項で後述）。

新型コロナウイルス感染症の治療

　医師が患者さんに安心感を与えようと、診療の場で「風邪ですね、抗生物質を処方しておきます」というやり取りをした経験があるでしょう。しかし、これは間違っています。抗生物質（抗菌薬）は細菌に対する薬であり、新型コロナウイルス、毎冬猛威を振るうインフルエンザウイルスなどウイルスと名の付くものに対して効果はありません[4]。では、どのように治療がされているのでしょうか。

　新型コロナウイルス感染症に対し、これまでに他の病気のために開発されてきた薬を用いた臨床試験（ヒトを対象にして効果と安全性を調べること[9]）が多数行われております[7・8・10]。日本感染症学会による『COVID-19に対する薬物治療の考え方 第4版』には以下のような薬剤が記されています。

①レムデシビル（エボラ出血熱治療薬）
②ファビピラビル（アビガン®、インフルエンザ治療薬）
③シクレソニド（喘息治療薬）、ロピナビル・リトナビル（HIV治療薬）
④トシリズマブ（関節リウマチ治療薬）
⑤ナファモスタット（血栓に対する治療薬）

　新型コロナウイルス感染症に感染、またはCOVID-19を発症しても自然に治癒することが多いため、必ずしも治療薬を必要としません。病状が重い、重くなりやすい方々に限って治療薬を用いると考えられています。

　また、ワクチンの臨床試験も進んでいます。日本だけでなく中国、アメリカ、イギリス、ドイツなど各国がしのぎを削っています。私たちが穏やかな日常を取り戻すためには1日でも早いワクチン接種が望まれますが、実際には2021年に入ってからのことになりそうです[3]。

　新型コロナウイルス、これによる症状、治療などを概観してきました。今回のコロナ禍のもう一つの問題はインフォデミックです。日々、私たち

は大量の情報に触れることで、熟考する間もなく表面的に捉え判断、行動をしている可能性があります。情報量の多さは私たち人間そのものの能力の進化ではありません。立ち止まって考えることも時に大切なのでしょう。

（袴田 晃央）

〈参考〉

1　WHOホームページ。https://www.who.int/
2　厚生労働省ホームページ。https://www.mhlw.go.jp/index.html
3　日本経済新聞ホームページ「志村けんさん死去　新型コロナ感染で肺炎」（2020年3月30日、https://www.nikkei.com/article/DGXMZO57387450Q0A330C2CC0000/）。
4　岩田健太郎『新型コロナウイルスの真実』KK ベストセラーズ、2020年。
5　水谷哲也『新型コロナウイルス　脅威を制する正しい知識』東京化学同人、2020年。
6　粟野暢康ほか『呼吸器内科医が解説！新型コロナウイルス感染症COVID-19』医療科学社、2020年。
7　ニューズウィーク日本語版特別編集『COVID-19のすべて』CCCメディアハウス、2020年6月。
8　忽那賢志「総説新型コロナウイルス感染症（COVID-19）」『J−IDEO』Vol.4増刊号、中外医学社、2020年。
9　日本臨床薬理学会ホームページ。https://www.jscpt.jp/
10　『COVID-19に対する薬物治療の考え方 第4版』日本感染症学会、https://www.kansensho.or.jp/uploads/files/topics/2019ncov/covid19_drug_200605.pdf。

学校で予防すべき感染症の対策
─標準予防策と予防接種─

　学校は子どもたちが集団生活を送りながら、学業にとどまらず社会性も含め自己を高める貴重な場です。しかし、子ども同士、子どもと教職員との接触を避けることが困難な状況があり感染症に罹患、感染拡大の場にもなっています。毎年、12〜4月にかけてインフルエンザウイルス感染症が全国各地で流行するのが一例です。学級閉鎖や学校閉鎖などの措置が取られ、子ども同士の接触の機会を大幅に減らすことで感染の収束が図られることがあります。感染症は人と人との接触により拡大し、その主要な感染経路（次ページ）には、①飛沫感染、②接触感染、③空気感染、④経口感染があります。本書のテーマは新型コロナウイルスであり、主に飛沫感染、接触感染で感染拡大し、空気感染の可能性も示唆されており、これらの対策を中心にみていきます。

重要なのは感染経路

　感染症を考える上でインフルエンザウイルス、溶連菌、ノロウイルスなど病原体に注目しがちですが、感染対策という点では病原体よりも感染経路が重視されます。その基本の考え方は標準予防策（standard precautions：スタンダード・プリコーション）であり、すべての患者に対して医療現場では適応されます。血液、便、体液（唾液、涙、精液など）、吐物などに病原体が含まれていることが多く、これらに接するときに素手を避け手袋をし、必要に応じてマスクやゴーグルを装着し、接した

感染経路と代表的な病気[1~4]

感染の経路	感染の仕方	代表的な病気
① 飛沫感染	感染している人の咳、くしゃみや会話の際に飛ぶ病原体を含んだ水滴（飛沫）を吸い込むことで感染します。5μmより大きい粒子で、1～2m飛びます。	インフルエンザウイルス感染症、新型コロナウイルス感染症、流行性耳下腺炎（おたふくかぜ）、A群β溶連菌感染（急性扁桃炎）、風疹、多くの風邪のウイルスなど
② 接触感染	病原体が付着した手で口、鼻、眼を触る、病原体が付着したものを舐めるなどにより体内に病原体が侵入します。	新型コロナウイルス感染症、流行性角結膜炎（はやりめ）、伝染性膿痂疹（とびひ）、嘔吐下痢症（ロタウイルス、ノロウイルスなど）、RSウイルス感染症など
③ 空気感染	感染している人の咳、くしゃみや会話の際に口から飛び出した病原体がエアロゾル化し感染性をたもったまま空気の流れによって拡散します。粒子は5μm以下と小さく同じ空間にいる人がそれを吸い込んで感染します。	水痘（水ぼうそう）、麻疹（はしか）、結核、新型コロナウイルス感染症※
④ 経口感染	病原体を含んだ食品、水分を摂取することで感染します。食中毒など規模が大きくなることがあります。	嘔吐下痢症（ロタウイルス、ノロウイルスなど）

※ 2020年7月上旬に空気感染の可能性が示唆され、専門家の間で議論されています。

米国疾病予防管理センター（CDC）による感染対策の考え方[4]

感染経路別予防策（病原体別の主たる感染経路を遮断する）

結核、麻疹など　空気感染予防策

百日咳、肺炎球菌など　飛沫感染予防策

MRSA、VREなど　接触感染予防策

感染源　感受性宿主

標準予防策（すべての患者に適用する）
針刺し・切創＆血液・体液曝露感染予防策

後はより丁寧な手洗いを行うという考え方です。

これまでは院内感染予防策として用いられてきましたが、近年、それにとどまらず学校を含め感染の可能性のある場においての感染予防策として考えられるようになりました。病原体の種類に左右されるのでなく、「○○ウイルスは飛沫感染するため、飛沫感染対策を」「△△菌は接触感染だから接触感染対策を」という考え方が広まることを願っています。

飛沫感染で感染拡大する疾患が、学校など集団の場では最も頻度が多くみられるように思います。飛沫感染で拡大する病気は、患者がマスクを装着することで飛沫飛散を防止することができます。また、飛沫感染する病気のうちインフルエンザ感染症、風疹、流行性耳下腺炎（おたふくかぜ）、百日咳、髄膜炎菌性感染症などは予防接種で防ぐことができます。風疹の予防接種は定期接種（公費負担）です。2020年7月現在、流行性耳下腺炎（おたふくかぜ）は任意接種（自己負担）ですが、実際におたふくかぜにかかると無菌性髄膜炎、膵炎、精巣炎、卵巣炎、難聴などの合併症が出現することがあります[3]。定期接種だけでなく任意の予防接種も積極的に接種し、予防できるものは予防する姿勢が大事です。

接触感染は2つ

接触感染は直接接触感染と間接接触感染の2つに分けることができます。直接接触感染は感染している人に触れる（握手、だっこ、キスなど）で拡がります。間接接触感染は汚染された物（ドアノブ、手すり、遊具、本など）を介して拡がります。こうして病原体が付着した汚れた手で、眼、鼻、口などに触れ体内に病原体が侵入して感染が成立します。感染を予防するためには、流水、泡立てた石けんを用いたきちんとした手洗いが肝要です。また、手を拭くときはペーパータオルの使用が望ましいです[6]。

空気感染で拡大する病気である麻疹（はしか）、水痘、結核は、同じ空間にいれば感染する可能性があるため、感染を防ぐことが難しいです。麻

疹、水痘は感染力が強く、対策のひとつとして予防接種は定期接種（公費負担）となっています。麻疹・風疹の混合ワクチンを用いて1歳、年長で計2回、水痘ワクチンは1歳、1歳6か月の計2回の接種を行っています。いずれも2回の接種で予防効果があると考えられています。結核に対するBCGワクチンも定期接種であり、接種をしなかった場合と比較すると4分の3ほど減らすと言われています。厳密には、BCGは抗体を作らせるワクチンではなく、結核菌が体内に入ってきたときに白血球が効率よく対応できるようにさせます[5]。

就学時の健康診断票には、予防接種に規定されている定期接種の接種状況を確認する欄があります。インフルエンザ菌b型感染症、肺炎球菌感染症、ポリオ（急性灰白髄炎）、BCG、百日咳、ジフテリア、破傷風、麻疹、風疹、水痘、日本脳炎が確認すべき予防接種の対象です。2021年以降はB型肝炎の予防接種も加わります。入学予定や入学後の子どもたちのなかの未接種者に対して未接種の予防接種の勧奨が望ましいです[6]。予防接種の接種率が高くなると、集団免疫が働き発病者や感染者と接触しても感染が拡大しにくくなることが期待されます。

教職員自身の罹患歴にも注意

これまで子どもたち中心に述べてきましたが、ここからは教職員に対して言及します。

学校では子どもたちから教職員に感染が拡大することがあり、教職員の予防接種歴の確認や過去の罹患（かかったかどうか）の把握も必要です。麻疹、風疹、水痘、流行性耳下腺炎、B型肝炎、インフルエンザ、百日咳、破傷風などが問題になります。罹患歴がなく十分な抗体価を有していないと考えられる場合には予防接種が必要となります。学校安全保健法施行規則第16条に、健診に当たった医師は教職員の健康診断の事後措置として必要な予防接種を受けるように指示することが規定されています[6]。学校

での感染症対策は、子どもたちだけでなく教職員も一体となって取り組んでいく必要があります。

　感染症を引き起こす個々の病原微生物についての解説は、それだけで1冊の専門書になってしまいます。繰り返しになりますが病原微生物に惑わされず、その感染経路が何かを知り、感染経路に合った対応をしていくようにします。また、予防接種で防げる病気は定期接種だけでなく任意接種も受ける姿勢が重要です。新型コロナウイルスの感染対策としては飛沫感染対策、接触感染対策をきちんと行い、予防接種が接種可能になれば速やかに接種を受けること、これらが基本となります。今回の経験が次なる未知の感染症がおこった場合に生かされるようにしてほしいものです。

（袴田　晃央）

〈参考〉

1　粟野暢康ほか『呼吸器内科医が解説！新型コロナウイルス感染症 COVID-19』医療科学社、2020年。
2　日本環境感染学会ホームページ、日本環境感染学会教育ツール Ver.3.2より。
3　日本小児感染症学会編『日常診療に役立つ小児感染症マニュアル2017』2017年。
4　満田年宏「感染制御の基本」『小児科診療：9(87)：1193-98』2018年。
5　日本ビーシージー製造株式会社ホームページ。(https://www.bcg.gr.jp/)
6　公益財団法人日本学校保健会『学校において予防すべき感染症の解説』2018年。

3 法律との関係から考える

学校保健及び学校保健安全法を理解する

　子どもたちの命を守るためには、教職員の学校保健安全法の理解は不可欠です。現在は教員免許を取得するにあたり、学校保健は必修科目とはなってはいません（保健体育の教員、養護教諭の免許取得のためには必須科目）。そのため、学校保健やそれらに関わる学校保健安全法の理解が進んでない傾向があることは否めないでしょう。しかしながら、今回のこのような世界的な感染症拡大やグローバリゼーションが進展する中で感染症への対応は必須であり、全教職員に学校保健の知識が必要であると言えるでしょう。ここでは、学校保健の基本的知識を基盤とし、感染症に関わる法規について解説していきましょう。

（1）学校保健とは

　文部科学省では学校保健は「学校において、児童生徒等の健康の保持増進を図ること、集団教育としての学校教育活動に必要な健康や安全への配慮を行うこと、自己や他者の健康の保持増進を図ることができるような能力を育成することなど学校における保健管理と保健教育」としています（法的には、文部科学省設置法第4条の12：学校保健（学校における保健教育と保健管理をいう））。これらを充実させることや円滑に推進するに

あたり、校内外の人材、機関、保護者、家庭、地域と組織的に行われることが求められており、保健管理、保健教育に加えて、通常は保健組織活動の3要素で説明されています。

保健管理、保健教育、保健組織活動の各内容例

要素	内容
保健管理	感染症対策、健康診断、健康観察、学校環境衛生、健康相談、学校保健情報の把握（保健調査及び健康診断、各行事前の健康調査などによって児童生徒の基礎疾患や現在の健康状態の把握）など
保健教育	教科の保健教育、教科外の保健教育、健康にかかわる啓発活動（例：学級だよりなどでの健康に関する啓発、保健だより、掲示や学校のホームページを利用しての健康情報の発信など
保健組織活動	児童生徒保健委員会、学校保健委員会*、教職員による保健組織活動、PTAや地域と連携した保健組織活動など

＊学校保健委員会は、昭和33年の学校保健法等の施行に伴う文部省の通知において、学校保健計画に規定すべき事項として位置付けられた。平成20年1月の中央審議会答申において、「学校保健委員会は、学校における健康に関する課題を研究協議し、健康づくりを推進するための組織である。学校保健委員会は、校長、養護教諭・栄養教諭・学校栄養職員などの教職員、学校医、学校歯科医、学校薬剤師、保護者代表、児童生徒、地域の保健関係機関の代表などを主な委員とし、保健主事が中心となって、運営すること」と示されている。

　上の表に示されているように、感染症対策には学校保健の知識が不可欠であることがご理解いただけると思います。

（2）学校保健安全法とは

　学校保健安全法の第一条に、その目的が次のように示されています。「この法律は、学校における児童生徒等及び職員の健康の保持増進を図るため、学校における保健管理に関し必要な事項を定めるとともに、学校における教育活動が安全な環境において実施され、児童生徒等の安全の確保が図られるよう、学校における安全管理に関し必要な事項を定め、もつて学校教育の円滑な実施とその成果の確保に資することを目的とする」。つまり、子どもたち及び教職員が安心して学校生活や教育活動を行うための必要な事項が定められています。学校保健安全法は子どもたちの教育に関わる全ての教職員が、必ず理解しておかなければならない重要な法律です。

休業や出席停止の根拠は？

（1）学校感染症とその種類

　学校において予防すべき感染症で、特に注意しなくてはならない感染症です。感染症の種類と出席停止期間は学校保健安全法施行規則第18条、19条で定められています。どのような感染症が学校感染症として定められているのか、またその期間について、理解しておく必要があります。

　学校感染症の種類は、法的には以下の通りに定められています。

学校保健安全法施行規則第18条、19条

	種類（第18条1）	出席停止期間（第19条）
第一種	エボラ出血熱、クリミア・コンゴ出血熱、痘瘡、南米出血熱、ペスト、マールブルグ熱、ラッサ熱、ポリオ、ジフテリア、重症急性呼吸器症候群（病原体がSARSコロナウイルスであるものに限る）、中東呼吸器症候群（病原体がMERSコロナウイルスであるものに限る）、鳥インフルエンザ（病原体がA型インフルエンザウイルスの亜型がH5N1、及びH7N9であるものに限る）。 上記の他、感染症の予防及び感染症の患者に対する医療に関する法律第6条第7項から第9項までに規定する新型インフルエンザ等感染症、指定感染症及び新感染症。	完全に治癒するまで
第二種	インフルエンザ（鳥インフルエンザを除く）、百日咳、麻疹、流行性耳下腺炎（おたふくかぜ）、風疹、水痘（みずぼうそう）、咽頭結膜熱（プール熱）、結核、髄膜炎菌性髄膜炎	結核および髄膜炎菌性髄膜炎については、病状により学校医その他の医師において感染のおそれがないと認められるまで出席停止とする。 他の疾患については、次の期間出席停止にする。ただし病状により学校医その他の医師において感染のおそれがないと認められる場合については、この限りではない。 インフルエンザ（鳥インフルエンザ（H5N1）及び新型インフルエンザ等感染症を除く）－発症した後5日を経過し、かつ、解熱した後2日（幼児にあっては、3日）を経過するまで 百日咳－特有の咳が消失するまで又は5日間の適正な抗菌性物質製剤による治療が終了するまで

		麻疹 - 解熱後3日を経過するまで 流行性耳下腺炎（おたふくかぜ）- 耳下腺、顎下腺又は舌下腺の腫脹が発現した後5日を経過し、かつ、全身状態が良好になるまで 風疹 - 発疹が消失するまで 水痘 - すべての発疹が痂皮化するまで 咽頭結膜熱 - 主要症状が消退した後2日を経過するまで
第三種	コレラ、細菌性赤痢、腸管出血性大腸菌感染症、腸チフス、パラチフス、流行性角結膜炎、急性出血性結膜炎その他の感染症	病状により学校医その他の医師において伝染のおそれがないと認めるまで。

※学校保健安全法施行規則
第18条（一部抜粋）
 2 感染症の予防及び感染症の患者に対する医療に関する法律（平成十年法律第百十四号）第六条第七項 から第九項までに規定する新型インフルエンザ等感染症、指定感染症 及び新感染症は、前項の規定にかかわらず、第一種の感染症とみなす。

第19条（一部抜粋） 令第六条第二項 の出席停止の期間の基準は、前条の感染症の種類に従い、次のとおりとする。
 四 第一種若しくは第二種の感染症患者のある家に居住する者又はこれらの感染症にかかっている疑いがある者については、予防処置の施行の状況その他の事情により学校医その他 の医師において感染のおそれがないと認めるまで。
 五 第一種又は第二種の感染症が発生した地域から通学する者については、その発生状況により必要と認めたとき、学校医の意見を聞いて適当と認める期間。
 六 第一種又は第二種の感染症の流行地を旅行した者については、その状況により必要と認めたとき、学校医の意見を聞いて適当と認める期間。

※COVID-19による感染症は、政令によって「新型コロナウイルス感染症」という名称で「指定感染症」に指定された（「新型コロナウイルス感染症を指定感染症として定める等の政令」2020年2月1日施行）。

（2）新型コロナウイルスに関わる出席停止の根拠は？

　上記のように、学校感染症の種類と出席停止期間が法律で定められていますが、新型コロナウイルスに関わる出席停止については、まだ未知の感染症であること、また前例にない感染症拡大が懸念されていることをふまえ、「新型コロナウイルス感染症への対応として、児童生徒等に発熱等の風邪の症状がみられるときに」「非常変災等児童生徒又は保護者の責任に帰すことができない事由で欠席した場合などで、校長が出席しなくてもよいと認めた日」として、指導要録上「出席停止・忌引等の日数」として記録し、欠席とはしないことも可能としています[1]。また、感染者の濃厚接触者に特定された者や、同居家族の発熱等の風邪の症状がみられる者も同様としています。

【資料】 文部科学省「新型コロナウイルス感染症に関する衛生管理マニュアル ～「学校の新しい生活様式」～」（一部抜粋、一部改変）

(5)出席停止等の取扱い

①出席停止の措置を取るべき場合

　　児童生徒等の感染が判明した場合又は児童生徒等が感染者の濃厚接触者に特定された場合には、学校保健安全法第19条の規定に基づく出席停止の措置 を取ります。これに加えて、新型コロナウイルス感染症への対応として、児童生徒等に 発熱等の風邪の症状がみられるときに、同条に基づく出席停止の措置を取ります。感染がまん延している 地域（レベル2や3の感染状況の段階である地域）においては、同居の家族 に発熱等の風邪の症状がみられるときにも、出席停止の措置を取ります。

②上記のほかに「欠席」の扱いとしない場合

　　医療的ケア児や基礎疾患児について、登校すべきでないと判断された場合及び保護者から感染が不安で休ませたいと相談のあった児童生徒等について、例えば、感染経路の分からない患者が急激に増えて いる地域であるなどにより、感染の可能性が高まっていると保護者が考えるに 合理的な理由があると校長が判断する場合には、「非常変災等児童生徒又は保護者の責任に帰すことができない事由で欠席した場合などで、校長が出席しなくてもよいと認めた日」として、指導要録上「出席 停止・忌引等の日数」として記録し、欠席とはしないことも可能です（幼稚園等については、備考欄等にその旨を記載）。

（参考）出席停止などの取扱いについて

指導要録上、「出席停止・忌引等の日数」として記録するもの	学校保健安全法第19条の規定に基づく出席停止	・感染が判明した者 ・感染者の濃厚接触者に特定された者 ・発熱等の風邪症状がみられる者 ・（レベル2や3の地域において）同居の家族に発熱等の風邪の症状がみられる者
	「非常変災等児童生徒又は保護者の責任に帰すことができない事由で欠席した場合などで、校長が出席しなくてもよいと認めた日」として扱う場合	・医療的ケア児や基礎疾患児について、登校すべきでないと判断された場合 ・感染が不安で休ませたいと相談のあった児童生徒等について、感染経路の分からない患者が急激に増えている地域であるなどにより、感染の可能性が高まっていると保護者が考えるに合理的な理由があると校長が判断する場合

この出席停止等の取扱いについては、以下の関連法規も確認しておくとよいでしょう。

他関連法規条文

○学校保健安全法第19条【出席停止】

　校長は、感染症にかかっており、かかっている疑いがあり、又はかかるおそれのある児童生徒等があるときは、政令で定めるところにより、出席を停止させることができる。

○学校保健安全法施行規則

第21条　【感染症の予防に関する細目】

　1　校長は、学校内において、感染症にかかっており、又はかかっている疑いがある児童生徒等を発見した場合において、必要と認めるときは、学校医に診断させ、法第19条の規定による出席停止の指示をするほか、消毒その他適当な処置をするものとする。

　文部科学省のガイドラインでは、「新型コロナウイルス感染症については、現時点では解明されていない点も多いなどの特性に鑑み …（中略）…、合理的な理由があると校長が判断する場合には、指導要録上「出席停止・忌引等の日数」として記録し、欠席とはしないなどの柔軟な取り扱いも可能」であると示されています（2020年8月6日現在）。いずれにしても出席停止措置に関しては、さまざまな背景やケースがありますので、保護者と十分な信頼関係を築き実施することが大切です。　　　　　（鎌塚　優子）

〈参考〉

1　「学校における新型コロナウイルス感染症に関する衛生管理マニュアル ～「学校の新しい生活様式」～」（2020年8月6日 Ver.3）

2章・学校での対応

そもそも「3密」って
なに？

3つの「密」

　「3密」とは、3つの密、「密閉」「密集」「密接」から発生した言葉です。

- ・密閉 ➡ 換気の悪い密閉空間
- ・密集 ➡ 多数が集まる密集場所
- ・密接 ➡ 間近で会話や発声をする密接場面

　この3つの密は、新型コロナウイルス感染症の集団感染が起こった場所での共通していた条件でした。「学校」という場所は、まさに大勢の児童生徒が集団で活動するところです。子どもたちの安心安全な環境づくりのために、3密の回避は感染予防の基本と言えます。
　では、学校において3密を回避するためにはどんな取組が必要でしょうか？

3密回避のために

　まずは、「密閉」の回避 ＝ 換気の徹底です。

【換気のポイント】
　①常時（気候上可能な場合）　②2方向の窓　　③同時に開ける
　しかし、いつでもこのポイントが守られるとは限りません。よくある疑

問は以下3つでしょう。

①窓のない部屋の換気はどうするの？

　➡常時入り口を開け、換気扇を用いる。人口密度が高くならないよう配慮
　します。

②体育館などの広く天井の高い部屋でも換気は必要ですか？

　➡換気は必要です。

③エアコン使用の部屋でも換気は必要ですか？

　➡換気は必要です。エアコンは室内の空気を循環しているだけのため、室
　内と外気の入れ替えを行う必要があります。

次に、「密集」の回避＝身体的距離の確保です。

　基本的には1m〜2mほど、児童生徒の間隔を空けることです。以下、
3つのケースについて図解しましたので、参照してください。

①児童生徒の座席の配置

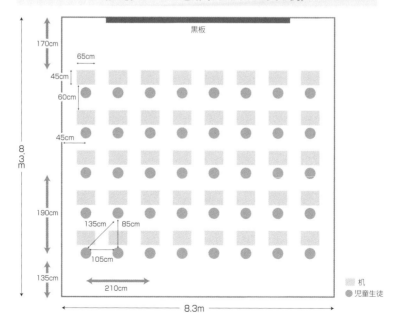

〈参考〉レベル1地域（1クラス40人の例）

②水道やトイレ、図書室等共有場所の並び位置

③健康診断時の並び位置

　最後は「密接」の場面への対応＝マスクの着用です。他の章でも詳しく触れますが、飛沫を飛ばさないために常時マスク着用を徹底させたいものです。

マスクの正しい付け方

厚生労働省ホームページより

常時着用とはいえ、熱中症等を考えると難しいときもあります。どういうときに、子どもたちはマスクを外してよいのか。それは、熱中症などの**健康被害が発生する可能性が高い**と判断した場合です。ただし、その際には、換気や児童生徒の間に十分な距離を保つなどの配慮をしましょう。

　また、**体育の授業における児童生徒のマスクの着用の必要はありません**が、教員は原則として体育の授業中もマスクを着用します。ただし、自らの身体へのリスクがあると判断する場合や、児童生徒への指導のために自らが運動を行う場合などは、マスクを外すことは問題ありません。

　そして、このような3密を回避するための対策を講じたとしても、特に感染リスクが高い学習活動もあります。以下のような場合は特に注意が必要です。

・各教科等に共通する活動として「近距離で一斉に大きな声で話す活動」
・音楽における「室内で児童生徒が近距離で行う合唱及びリコーダーや鍵盤ハーモニカ等の楽器演奏」
・家庭、技術・家庭における「児童生徒同士が近距離で活動する調理実習」
・体育・保健体育における「児童生徒が密集する運動」や「近距離で組み合ったり接触したりする運動」

　教員側がこうした対策をとることはもちろんですが、一方で、新型コロナウイルス感染症予防の基本である3密の回避を、子どもたち自らが意識し、新しい行動様式として身につけられるよう、保健指導等の時間を設けることも必要です。

（東 真理子）

〈参考〉
・文部科学省初等中等教育局健康教育・食育課「新型コロナウイルス感染症に対応した小学校、中学校、高等学校及び特別支援学校等における教育活動の再開等に関するQ＆A」（2020年4月23日）
・文部科学省「学校における新型コロナウイルス感染症に関する衛生管理マニュアル〜「学校の新しい生活様式」〜」（2020年8月6日 Ver.3）
・スポーツ庁政策課学校体育室「学校の体育の授業におけるマスク着用の必要性について」（2020年5月21日）

2 ソーシャルディスタンシングとは？

人と人が物理的に距離をとること

　新型コロナウイルスの感染拡大予防には「3つの密」を避けることが肝要であることは、社会に浸透してきています。2020年に執り行われた入学式、卒業式などの学校式典は、例年に比べて参列者や来賓数を制限する、式の簡素化、席を離す、マスクの装着、手指消毒剤の設置といった対応がなされたと聞いています。休校中の登校日に分散登校をして教室内の児童、生徒数が教室いっぱいにならないようにする工夫がありました。ここでは、感染拡大予防にとって大事な人と人との身体的距離、ソーシャルディスタンシングについてまとめていきます。

　ソーシャルディスタンス、ソーシャルディスタンシング、どちらが適切なのでしょうか。前者は、人と人の距離という意味ですが心理的な距離を指します。「あの人と距離をとって付き合う」というようなことを示しています。コロナウイルスの感染拡大予防においては、人と人との物理的な距離を取ることを意味する後者を用いることが適切です[2]。フィジカルディスタンシング、「身体的な距離を取る」を用いることもあります。

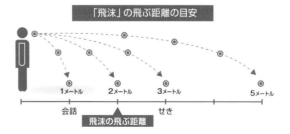

飛沫の飛ぶ距離[3]

「飛沫」の飛ぶ距離の目安

1メートル　2メートル　3メートル　5メートル

会話　せき

飛沫の飛ぶ距離

このソーシャルディスタンシングは、会話、咳などの際に発せられる飛沫が飛ぶ距離を目安に考えられています。人と人との間は少なくとも1mの距離を確保し、会話、くしゃみ、咳では新型コロナウイルスを含んだ飛沫が飛び散り、それを吸い込むことで感染すると言われています[1]。また次ページの図にあるように飛沫は会話では1m、咳では3mは飛ぶ可能性もあります[2]。このためソーシャルディスタンシングを意識することが大切になります。

人と人との「心理的距離」ではない

　ウィズコロナといわれる時代、これから私たちは新型コロナウイルスと共生しながら社会生活を営んでいく必要があります。「感染拡大リスクが高い「3つの密」を徹底的に避けるために、身体的距離の確保（ソーシャルディスタンスあるいはフィジカルディスタンス）といった「新しい生活様式」に、学校を含めた社会全体が移行することが不可欠である」と記載されています[4]。新型コロナウイルスがそこにいるかもしれないことを想定し、学校教育活動を継続していくことが前提となります。学校には幅広い年齢の児童・生徒がおり、身体的距離の確保の概念を定着させるためには発達段階に応じた工夫が必要になります。私見になりますが小学校低学年にとってもわかりやすく、視覚に訴え各人の「オリジナルの身体的距離の確保」を完成させるのに役立つ資料を紹介いたします。NOSIGNER／PANDAIDのWebページから以下を入手することができます。少しでも楽しみながら、ソーシャルディスタンシングの理解が進むことを望みます。

　ソーシャルディスタンシングは感染拡大予防の距離であって、決して人と人との心理的距離ではありません。人は友人と会えないときに孤立感が強まり情報にも振り回されやすくなるようです[6]。会話、新聞、ニュース、インターネットなどでコロナウイルスの話題に触れ、このウイルスのことを忘れて生活することのできない日々が続いています。あえて不安感を強

める情報に触れる時間を制限し、子どもだけでなく大人も安心して過ごせることを意識する必要があるかもしれません。 　　　　　　　（袴田 晃央）

様々な身体的距離の確保とオリジナル（右下）の身体的距離の確保の例[5]

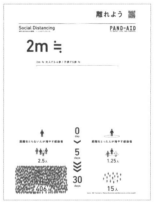

〈参考〉

1　WHOホームページ。https://www.who.int/
2　朝日新聞ホームページ「「ディスタンス」と「ディスタンシング」、意味は違う？」（2020年6月24日、https://www.asahi.com/articles/ASN6L7WZTN66UHBI035.html?iref=pc_ss_date）。
3　産経新聞ホームページ「飛沫はどこまで飛ぶ？　感染防ぐ専門家の見解は」（2020年3月12日、https://www.sankei.com/west/news/200312/wst2003120012-n1.html）。
4　文部科学省「新型コロナウイルス感染症に対応した持続的な学校運営のためのガイドライン」（2020年6月5日）
5　PANDAIDホームページ。https://www.pandaid.jp/
6　日経新聞ホームページ「子どもの不安 寄り添って」（2020年5月4日、https://www.nikkei.com/article/DGKKZO58700880R00C20A5TCC000/）。

3　手洗いってなぜ大事？

感染の経路

　新型コロナウイルスは、飛沫感染または接触感染によって感染するとされています。感染者の咳やくしゃみを浴びれば感染する可能性は濃厚です。また、感染者の咳やくしゃみの飛沫が付着した場所を触れた手指を経て感染する場合もあります。

　新型コロナウイルスは、眼、鼻、口の粘膜から体内に侵入します。「無くて七癖」ということわざがありますが、顔を触るのが癖になっている児童生徒もいると思います。よく観察してみてください。児童生徒は無意識に眼、鼻、口を触れますので、ウイルスに触れた手指が粘膜に触れる前に手洗いをさせる必要があります。

新型コロナウイルスはどこに存在するのか

　ダイヤモンド・プリンセス号船内の新型コロナウイルスの検出状況をみると、ウイルスがもっとも多く検出された場所は浴室内のトイレの床で39％、枕が34％、電話機24％、テレビリモコン21％、机8％でした。また、アメリカ国立衛生研究所の研究により、段ボールに付着した新型コロナウイルスは最大24時間、プラスチックやステンレスの表面では2〜3日間生存することがわかりました。この調査では新型コロナウイルスがドアノブやプラスチックでコーティングされた机など、硬い表面でより長く

生存することがわかっています。

登校時にまず手洗いを

　児童生徒は登校してくるまでに、例えば電車のつり革や手すり、ドアノブ、エレベーターのボタン、遊具などいろいろなものに触れてくるでしょう。その中に新型コロナウイルスが付着しているものがあれば、手指に付着している可能性があります。そこで、児童生徒には登校したら教室に入る前に（校内のものに触れる前に、顔を触れる前に）、石けんと流水を用いてきれいに洗い流す習慣をつけさせることが大切です。石けんによる手洗いは、消毒ではありませんが、手洗いを丁寧に行うことで手に付着したウイルスを除去する効果があります。

手洗いのタイミング

　学校では、①外から教室等に入るとき、②咳やくしゃみ、鼻をかんだとき、③給食（昼食）の前後、④掃除の後、⑤トイレの後、⑥共有のものを触ったときに、こまめに手を洗わせることが重要です。このようなときに手洗いをすることが必要なことを児童生徒に理解させ、習慣づけられるように指導してください。

正しい手の洗い方

　厚生労働省が正しい手の洗い方を紹介しています。約30秒程度をかけて洗う必要がありますが、実際にやってみると30秒は長く感じます。このため、正しい手洗い方法を知り、その時間を体で覚え実践できるよう指導してください。

正しい手の洗い方

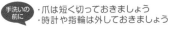

 手洗いの前に
・爪は短く切っておきましょう
・時計や指輪は外しておきましょう

① 流水でよく手をぬらした後、石けんをつけ、手のひらをよくこすります。

② 手の甲をのばすようにこすります。

③ 指先・爪の間を念入りにこすります。

④ 指の間を洗います。

⑤ 親指と手のひらをねじり洗いします。

⑥ 手首も忘れずに洗います。

石けんで洗い終わったら、十分に水で流し、清潔なタオルやペーパータオルでよく拭き取って乾かします。

厚生労働省ホームページより

他の感染症への対応

　飛沫感染及び接触感染する病原体は、インフルエンザウイルス、咽頭結膜熱（プール熱）などのアデノウイルス、風疹ウイルス、ムンプスウイルス、麻しんウイルスなど、学校で注意しなければならない多くの感染症があります。

　正しい手の洗い方を習慣づけることによって、これら感染症の集団発生の予防につながります。　　　　　　　　　　　　　　　（謝村　錦芳）

4 マスクを使う意味は？

　2020年5月4日の新型コロナウイルス感染症対策会議において、感染拡大を予防する「新しい生活様式」が示されましたが、そのなかで「マスク着用」は基本的感染対策の一つとして挙げられています。このように公共の場や集団生活において欠かすことができないものとなったマスクについて、より安全に効果的に使用するために、これまでの知見を基に正しい知識を解説していきます。

いろいろな種類とその効果

　素材により布マスクと不織布マスクの2種類があります。さらに布マスクには、主に綿織物を重ね合わせたガーゼタイプと抗菌性や通気性を高めた化学繊維を混紡したタイプがあります。布マスクには洗浄して再利用できるという利点があり、昨今のマスク不足を背景に急速に需要を増しています。不織布タイプは、繊維を熱的、機械的、化学的に接着またはからみ合わせシート状にしたものからできています。当初は医療用マスク（サー

布マスク

不織布マスク

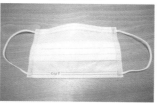

ジカルマスク）として用いられていましたが、インフルエンザや花粉症の流行を背景に、近年は家庭用マスクとして広く普及しています。

マスクの効果は、「感染予防効果」と「拡散防止効果」に分けて考える必要があります。「感染予防」とは健常者がウイルス粒子の吸入を避けることであり、「拡散防止」とは感染者がウイルス粒子の含まれる飛沫を大気中に飛散させないことを指します。

「感染予防」については、科学的な文献が乏しく、効果があったとするものと効果がなかったとするものがあり[1,2]、現時点ではマスクによる感染予防効果は明確ではありません。

一方「拡散防止」については、マスク着用がウイルスの捕集に効果があり、拡散速度も低下させることが報告されています[3]。コロナウイルス自体の粒子径は0.1－0.2μmですが、気道からのウイルスを含む飛沫の径は3－5μmです。不織布マスクによる捕捉粒子の大きさは4－5μm以上であるため、感染性飛沫の拡散には十分な効果が期待できます。

着け方、外し方、保管、洗浄方法

装脱着手順と保管方法を以下に示します。装脱着や保管時には、マスクの清潔面と不潔面を区別する必要があります。清潔面とはマスクの内側面で、直接皮膚や口唇に接するこの部位には触れないようにします。これに対し不潔面とは外側面で、使用したマスクのこの部位には細菌やウイルスが付着している可能性があるため、ここにも触れないようにします。そのため装着前、脱着後および保管時には必ず手洗いをするとよいでしょう。

布製マスクは1日に1回、衣料用洗剤を用いて軽く押し洗いをし、汚れが気になる場合には続いて塩素系漂白剤による浸漬洗浄をします。具体的な手順については経済産業省のホームページに「布マスクの洗い方動画」として掲載されていますので、参考にしてください。なお、使い捨ての不織布マスクは1日1枚の使用を目安とし、洗浄による再利用はしません。

着け方1

ノーズワイヤーを鼻の形に合わせます

着け方2

ワイヤー部分を押さえつつプリーツを伸ばし顎の下まで覆います

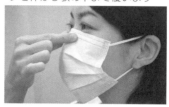

外し方1

表面には触れずに両側の紐を持ち、そっと外します

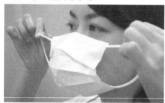

外し方2

そのまま紐だけをもちビニール袋等に入れ廃棄します

保管方法

なるべく表面には触れず、内側を折りたたんで清潔な布やビニール等に入れます

熱中症との関係

　人間の体は体温を一定に維持するために、体温上昇時には皮膚からの放散や発汗による蒸散に加えて、「呼吸の促進」によっても体熱放散を促します。これまでの学術的研究では、マスクを装着して運動した人は有意に

心拍数、呼吸数、二酸化炭素が増加し、顔面の皮膚温度は装着していない人に比べて1.76℃上昇したとの報告もあることから[4]、高温多湿下でのマスクを着用した活動は熱中症のリスクが高くなるおそれがあります。

　したがって、夏期の気温・湿度が高い屋外では、人と十分な距離（少なくとも2m以上）を確保した上で、マスクを外すことが必要です。またマスクをしていると口腔粘膜の保湿作用により口の渇きを自覚しにくくなることも想定されているため、口渇にかかわらずこまめな水分補給を心がけてください。

体育授業における対応

　文部科学省が発表した「学校の新しい生活様式」によると、運動時のマスク着用による身体へのリスクを考慮して、学校の体育授業においてはマスクの着用は求められていません[5]。ただし授業中の感染リスクを避けるために、児童生徒間の距離を2m以上確保するとともに、ランニングなどで同じ方向に動く場合は更に長い距離を確保する必要があります。

（森　俊明）

〈参考〉

1　Jacobs, J. L. et al. "Use of surgical face masks to reduce the incidence of the common cold among health care workers in Japan: a randomized controlled trial." *American Journal of Infection Control*, 2009 Jun; 37 (5): 417-419.

2　Jefferson, T. et al. "Physical interventions to interrupt or reduce the spread of respiratory viruses." *Cochrane Database of Systematic Reviews*, 2011 Jul 6; 2011 (7): CD006207.

3　Inouye, S. et al. "Masks for influenza patients: Measurement of airflow from the mouth." *Japanese Journal of Infectious Diseases*, 2006 Jun 59 (3): 179-181.

4　Roberge, R. J. Roberge, et al. "Absence of consequential changes in physiological, thermal and subjective responses from wearing a surgical mask." *Respiratory Physiology & Neurobiology*, 2012 Apr; 181 (1): 29-35.

5　文部科学省「学校における新型コロナウイルス感染症に関する衛生管理マニュアル 〜「学校の新しい生活様式」〜」（2020年8月6日 ver.3）。

5 皮膚と粘膜のはたらき

私たちと外界を隔てるものと
新型コロナウイルスの入口

　ちくわを想像してみてください。私たちの体を
ちくわのようなものにたとえてみます。右図のと
おり、ちくわは3色の部分が外界に接しています。
灰色の表面が皮膚、白色の表面が鼻の奥の粘膜や
消化管（食道、胃、小腸、大腸）の粘膜になりま
す。最後に、薄灰色の表面が外界に接するような
口、鼻、眼の、他方を肛門といった皮膚に接して
いるような粘膜とすることができます。新型コロ

皮膚と粘膜の模式図

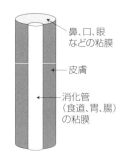

鼻、口、眼
などの粘膜

皮膚

消化管
（食道、胃、腸）
の粘膜

ナウイルスを始めとした病原体の感染経路を考えると、特に上にある薄茶
色の部分からウイルスなどを体内に侵入させないことが重要になります。

　ヒトの体で最大の臓器である皮膚は1.8m²、たたみ1畳ほどの面積で、
3つの役割があります。

　①外界の刺激（微生物、物理的、化学的、放射線など）から私たちの体を守る
　②体温調節と水分の調節
　③外界からの刺激を感知する

　感染症対策としては、①外界刺激から私たちの体を守る、これがもっと
も大事になります。ウイルス、細菌が体内に侵入しないように守ってくれ
ています[1]。

粘膜の役割は臓器によりさまざまですべてを挙げることは困難です。感染予防という観点から考えると、粘膜表面に病原体や毒素を無毒化する物質があります。そのほか、粘液、線毛は粘膜の表面に付着した、病原体などを洗い流すような役割をしています[2]。

　上記のように、皮膚、粘膜ともに外界と接し、私たちが気づかないうちに侵入しようとするウイルスや細菌といった病原体を排除しています。排除しきれないとき、私たちの体は感染し、病気を発症します。新型コロナウイルスは粘膜の細胞膜上のタンパク質の一つであるアンジオテンシン変換酵素2（ACE2）を介して侵入してきます[3,4]。新型コロナウイルス感染における皮膚と粘膜の違いは、皮膚から感染しないが、粘膜からは感染するということです。

感染は粘膜から

　厚生労働省の新型コロナウイルス感染症国内発生動向（2020年7月15日現在）を見てみます（右図参照）。全陽性者数22,140人に対して、10歳未満が409人、10代が655人、あわせて4.8％です。アメリカ、韓国などでも同様な傾向がありました。

年齢別新型コロナウイルス感染の陽性患者数（人）

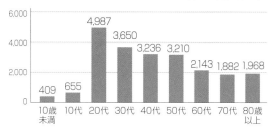

子どもは新型コロナにかかりにくい

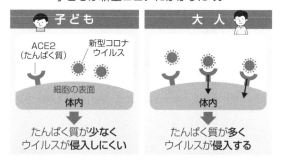

その一因と考えられるものをご紹介いたします。大人に比べると、小児の鼻の粘膜にあるACE2（ウイルスの受容体）の量が少ないと言われています（前ページ図参照）。

子どもと大人のACE2の発現の違い

小児では新型コロナウイルスが侵入しにくい、結果、症状が出にくい、重症化しないのではないかと言われていますが、知見の集積が待たれます[5]。

全国的に感染者数の増加に伴って、学校、保育園での感染拡大の事例が見受けられるようになってきました。新型コロナウイルスを正しく恐れるためには、次のことを覚えておいていただきたいと思います。粘膜から感染し、皮膚からは感染しないということです。たとえ、手にウイルスが付着しても、正しい手洗いをすればうつることはありません。手にウイルスがついていていても、鼻などの粘膜を触らなければうつりません。過剰な手洗いや手指の消毒、夏場のマスク着用など新型コロナウイルスの感染対策が、手や顔の湿疹、熱中症など別の病気を引き起こす可能性があります。正しく恐れ、一様でなく状況に応じて判断し、バランスの取れた対策が必要でしょう。

（袴田 晃央）

〈参考〉

1　Dabrowska, A. K. et al. "The relationship between skin function, barrier properties, and body-dependent factors." *Skin Research and Technology*, 2018 May; 24 (2): 165-174. doi : 10.1111/srt.12424.

2　金光敬二「感染対策にはなぜ皮膚管理が重要なのか——皮膚トラブルと感染症の深い関係」「感染対策ICTジャーナル2018;13(3)」185〜190ページ。

3　水谷哲也『新型コロナウイルス脅威を制する正しい知識』東京化学同人、2020年。

4　Patel, A. B. et al. "Nasal ACE2 Levels and COVID-19 in Children." *JAMA*, 2020 May 20. 323(23): 2386-2387.doi : 10.1001/jama.2020.8946.

5　日経新聞ホームページ「新型コロナ 子どもの感染率なぜ低い?」(2020年7月10日、https://www.nikkei.com/article/DGKKZO61331150Z00C20A7TJN000/)

6 「新型コロナウイルスに感染した」という連絡が入ったら?

まずは冷静な対応を

　新型コロナウイルス感染症は、文字通り「感染症」です。年齢・性別・人種・職業・地域などにかかわらず、条件が整えば感染します。感染しても発症しない方もいます。感染者が発生したとしても、たまたまその方が最初に発症しただけで、もしかしたら無症状の方が近くにいたのかもしれません。学校に「感染した」もしくは「感染したかもしれない」という連絡が入ったら、決してその方や家族を責めることなく、冷静に「感染拡大防止」と「個人情報保護」の観点で対策に取り組むことが重要です。また、感染拡大防止の観点から考えると、できるだけ早い（①濃厚接触者と特定された、②体調不良で主治医にPCR検査を受けるよう指示された）段階で学校に情報提供してもらえる体制を整えておくことが重要です。

　この場合、注意しなければならないのは「濃厚接触者やPCR検査対象者の報告」に義務はないこと、そして「濃厚接触者は感染者ではない」ということです。情報提供していただいたことに感謝し、情報の取扱いは丁寧に慎重に行うことが必要です。濃厚接触者に対して個別措置（児童生徒の場合は出席停止、教職員の場合は特別休暇等）は必要ですが、この段階での臨時休業や関係者への周知は慎重に行う必要があります。

　大切なことは、咳エチケット、手洗い、そして体調不良（地域の流行状況等によっては家族の体調不良も含む）の場合は無理して登校（出勤）しないこと、を一人一人が実践する学校の体制をつくることです。

感染拡大防止と個人情報保護の両立

「新型コロナウイルスに感染した」という連絡が入ったら、**感染拡大防止**と**個人情報保護**の2つの側面での対応を、同時に進めていくことが重要です。教職員の場合でも基本的には児童生徒と同じ対応が必要です。

　以下は感染（疑い）の連絡が入った場合の対応参考例です。平常時からこのステップで、対応をシミュレートしておくことをお勧めします。

Step 0　日常の管理	
感染防止	咳エチケット、手洗い、 体調不良の場合は登校（出勤）を控える 共有部分の消毒　等
発生時の役割分担確認 （既存組織を活用）	担任：当該児童・保護者への対応 学年主任：他の児童生徒等との接触状況確認 養護教諭：健康観察・保健室来室記録確認・ 　　　　　　学校医との連携 保健主事：感染拡大防止策の確認・ 　　　　　　校内の消毒計画作成 生徒指導主任：児童生徒の心のケア、 　　　　　　　　休業中の生活指導 事務長・事務職員：物品調達、 　　　　　　　　　　電話対応マニュアル 教頭：情報集約・保護者及び関係者へ周知 校長：全体統括、教育委員会、保健所等との連携
Step 1　情報収集	
濃厚接触者特定 or PCR検査受検 [※1] （教職員がわかる範囲で確認しておく）	①対象者の情報収集 　氏名、年齢、生年月日、居住地、通学方法、 　家族構成、既往歴・持病 ②発症の状況 　発症日、症状、現在の症状、 　受診医療機関情報（受診日・名称） 　PCR検査検体採取日、結果判定予定日 ③登校の様子 　最終登校日、マスク着用有無、 　授業の出席状況・座席表、昼食時の状況、 　部活動・委員会、休み時間・放課後の過ごし方

感染の確定 （PCR検査結果陽性の判定等）

Step 2　臨時休業の判断 ※学校保健安全法第20条

当該児童生徒の保護者への対応 ※2	・児童生徒の出席停止（感染者・濃厚接触者） ・保健所の指示等の確認 ・保健所と学校が直接やり取りすることの了承を得る
保健所への協力（情報提供）	・状況調査への協力 ［保健所に行っていただくこと］ ・濃厚接触者の特定 ・濃厚接触者と特定された児童生徒の保護者への連絡、対応 ・今後、学校がとるべき措置への助言
学校医との連携 ※3	発生の報告 学校がとるべき対応の助言をいただく
教育委員会との連携 ※4	濃厚接触者が保健所により特定されるまでの間、学校の全部または一部の臨時休業を実施

Step 3　関係者への周知

臨時職員会議の実施	発生状況、対応、注意事項等の確認 　①児童生徒への対応、健康管理、健康教育 　②教職員自身の健康管理 　③保護者からの問合せへの対応 　④マスコミ対応
業者への連絡	給食・スクールバス　等
保護者・児童生徒への説明	通知内容・方法（お便り・メール配信） ・個人情報保護への配慮 ・健康管理の徹底 ・心のケア ・問合せ、相談先の提示
関係機関への連絡	・児童生徒が直接関わる学童保育、放課後デイサービス、実習先等 ・状況に応じて近隣の教育施設（幼保小中高大学等）
報道対応 ※5	・児童生徒への指導 ・登下校指導 ・校内の窓口は管理職に一本化 ・実際の報道対応は教育委員会と連携して行う

Step 4　臨時休業継続の判断
①学校における活動の態様　②接触者の多寡
③地域における感染拡大の状況　④感染経路の明否　※学校保健安全法第20条

保健所との連携	・濃厚接触者の健康観察状況の情報提供依頼 ・今後の対応についての助言
当該保護者・児童生徒への対応	・定期的な健康観察 ・学校の様子の伝達 ・健康状態が良ければ課題の提供
教育委員会との連携	・情報交換 ・今後の対応について協議、決定
保護者・児童生徒への連絡	臨時休業の継続の有無 （継続の場合は、その範囲・期間）

Step5　心身のケアと感染防止対策

児童生徒の健康管理、健康教育	・児童生徒、教職員の健康観察 ・感染防止についての健康教育 ・いじめ、偏見等への指導 ・健康相談、保健指導

Step6　記録・振り返り

感染症報告	学校保健安全法第18条 施行令第5条、7条 施行規則第20条
対応記録の整理	対応記録の整理
振り返り	課題の確認・感染防止対策の改善

※1　濃厚接触者・PCR検査対象者の報告が入った段階で、「Step1の情報収集」を行っておくことにより、万が一陽性だった場合に保健所への情報提供を迅速に行うことができます（情報の取扱いには十分注意する）。

※2　教職員の陽性が確定された場合の服務については、事前に教育委員会に確認しておきましょう（病気休暇等の取得、在宅勤務や職務専念義務の免除等により出勤させない扱い）。

※3　事前に、学校関係者に感染者が発生した場合の対応の基準、手順について確認し、指導助言を受けておきましょう。

※4　この時点で、校内に濃厚接触者がいないことが確認されていれば、臨時休業の措置をとる必要はありません。

※5　取材への対応は「窓口を一本化」することが重要です。また例えば「うちの学校ではありません。」と答えることも、取材に対する回答となってしまうこともあるので注意です。

（澤村　文香）

〈参考〉

・文部科学省「学校における新型コロナウイルス感染症に関する衛生管理マニュアル ～「学校の新しい生活様式」～」（2020年8月6日 Ver.3）
・埼玉県教育委員会教育長「新型コロナウイルス感染者発生時の対応について（通知）」（2020年5月22日）

7 保健室・養護教諭との連携

　養護教諭は、校内の感染対策の中核的役割を担っています。児童生徒の安心安全な環境と、心身の健康を保障するために、養護教諭との連携は重要です。

　では子どもの1日を通して、どの場面でどのような連携が必要でしょうか？　以下、場面毎にみていきましょう。

教室で体調不良を訴えた場合

　子どもが教室で体調不良（頭痛・腹痛・気持ちが悪い等）を訴えた場合の連携ポイントは、以下の3点です。

① 検温	37.5℃以上か以下か？ 37.5℃以上なら内線連絡後、保健室へ。以下なら②③へ。

②観察	日常の状態との違いは？ 　　　・チェックポイント ➡ 顔色・表情・声の調子、全身の状態
③ 判断	保健室か？　経過観察か？

　保健室の「3密」を回避するためにも保健室の感染対策のためにも、「すぐに保健室へ行きなさい」ではなく、教室での教員のスクリーニング（保健室か？教室での経過観察か？の選別）が大事です。

保健室に来室させる場合

　そして、保健室へ行かせる場合でも、感染症流行時は平常時とは異なる注意が必要です。ポイントは、**保健室の3密の回避**です。まず重要なことは、保健室が集団感染源になることを避けなければなりません。特に多くの児童生徒が集まる「密集」と、近い距離での会話や発声による「密接」を回避するための教員と養護教諭の連携が必要です。

　ポイントの2つ目は、**保健室のゾーニングを知ること**です。自校の保健室のゾーニング（保健室を、「清潔」「不潔」「けが対応」「体調不良者対応」「相談者対応」等のエリアに分け、来室者の感染リスクを低減させる措置）の状態及び利用方法を把握し、児童生徒へ周知します。外科的対応（けが）と内科的対応（体調不良等）では保健室の利用方法が異なる場合があるため、特に小学校低学年の来室は教員が付き添うことが望ましいでしょう。

早退させた場合

　感染症を疑って子どもを早退させた場合は、いつもとは異なる対応が必要です。

　ポイントの一つ目は、**帰宅後の健康状態の把握（保護者への連絡）**です。学級担任は子どもが早退した場合は、その後の健康状態を把握するために、必ず保護者へ電話連絡をして次の確認と対応をします。

帰宅後の家庭連絡とその対応

①体調は回復した。→「明朝の体調が良好であれば登校してください」
②体調は帰宅時と変わらない。→「明朝の体調が回復しない場合は、医療機関の受診を検討してください」
③体調が悪化した。→「明日の登校は見合わせてください。医療機関の受診を検討してください」

対応の判断に迷うときは、養護教諭に電話を引き継ぐとよいでしょう。また、電話連絡の内容は、管理職及び養護教諭に伝えます。

2つ目のポイントは、**翌日（後日）の登校状況の把握**です。早退した児童生徒の翌日以降の登校状況を把握し、養護教諭と情報共有します。欠席の場合は、養護教諭もしくは担任から体調の把握（発熱の有無・咳・息苦しさ等の風邪症状の有無）を行い、発熱が続く場合は医療機関の受診を勧めます（受診の際は、病院に予め電話連絡をする旨を伝えましょう）。

心のケアが必要な子どもの把握と個別の対応

コロナ禍の中、長期の休校を経て、多くの制約を設けながら学校は再開しました。これまで経験したことのない環境の中で、子どもの心と体からは様々なサインが出ています。そのサインをいち早く把握し、対応するために、教職員と養護教諭は連携してその対応に努めましょう。

ここでの対応のポイントは、以下の3つです。

①遅刻・欠席が増えた児童生徒への対応

今後さらに、頭が痛い・おなかが痛い・気持ち悪い・夜眠れなくて睡眠不足で起きられない（今までは起きられた）等の体からのサインを訴えて、遅刻や欠席する子どもが増えていく可能性があります。このような状態が3日以上続く場合は、養護教諭と情報共有をして早期に対応しましょう。養護教諭は個別の健康相談を実施し、ケースによってはスクールカウンセラー（SC）へつなぎます。

②不登校傾向児童生徒への対応

もともと、不登校傾向にあった子どもの中には、深刻度がさらに高くなるケースが出てくることが考えられます。管理職・学級担任・生活指導主任・養護教諭・SC・ソーシャルスクールワーカー（SSW）・各関係機関

等との情報共有を行い、状況に応じてケース会議を開催します。

③保護者への対応

　児童生徒の心の不調の背景に、保護者の精神疾患等の問題がある場合があります。コロナ禍による不安や疲れや自粛生活によるストレスにより、保護者の精神状態が悪化し、その結果、虐待につながってしまうケースも増えています。保護者の問題は、SSWや子ども家庭支援センター、児童相談所と連携します。その際にも、管理職をはじめ、学級担任・養護教諭・SC等関わりの強い教員との情報共有・ケース会議・対応についての話し合いが重要です。

　これらの対応は、学校種やその地域の感染状況によって異なります。自校の地域の感染状況に鑑み、的確な判断及び迅速な対応が重要です。

（東 真理子）

8 消毒薬などの基礎知識

そもそも「消毒」とは？

　手洗いと異なりウイルスを洗浄できない用具や物品は、消毒する必要があります。消毒とは、**目的とする病原微生物、ここでは新型コロナウイルスの感染力をなくさせるための方法**で、感染症を発症させない程度にまで病原微生物を死滅または減少させることです。

　学校では、児童生徒が共用している用具や物品が多くあります。これらは、感染している者が触った場合、その後に触った者にウイルスが付着して感染する可能性がありますので、できれば1日に1回以上消毒をした方がよいでしょう。

　例えば、遊具、教室やトイレのドアノブ、パソコンのキーボード、清掃用具など児童生徒の行動をよく見て、どこを消毒すればよいのかを確認しておくとよいでしょう。

消毒薬の効果は何で決まるのか？

　消毒薬は病原微生物と接触して効果を発揮します。消毒薬の効果に影響を及ぼすものとして、使用濃度、接触時間、作用温度の3つの因子が重要です。

①**使用濃度** 濃度が低いと消毒効果は期待できません。高すぎれば有害作用が発生します。決められた濃度で用いて初めて期待通りの効果が得られます。作り置きをすることで濃度が低下するものがありますので、そのような薬剤は使用時に調整してください。

②**接触時間** 病原微生物と接触して瞬間的に消毒できる消毒薬はありません。消毒薬は病原微生物と一定の接触時間が必要です。

③**作用温度** 多くの消毒薬は、温度が高いほど消毒効果が強まりますが、高過ぎると効果が落ちます。一般的には20℃程度の温度で用います。

現在、一般的に新型コロナウイルスに有効な消毒薬と使用方法等を簡単にまとめました。ただし、現在も調査・研究が続いていますので、日々、情報はチェックされるとよいでしょう。

薬品名	使用方法	留意点
消毒用エタノール	・手指の消毒・殺菌 ・薬品を浸した布やペーパータオルで、物の表面を拭いた後、そのまま乾燥させる。	・引火性があるので、電気スイッチへの直接の噴霧は避ける。 ・換気を十分に行う。
0.05%次亜塩素酸ナトリウム消毒液	・薬品を浸した布などで物の表面を拭いた後、清潔な布を用いて水拭きし、乾燥させる。	・必ずゴム手袋をする。 ・色落ちしやすいもの、腐食の恐れのある金属には使用しない。 ・換気を十分に行う。 ・噴霧はしない。 ・手指には用いない。
次亜塩素酸水 （有効塩素濃度 35ppm以上）	・薬品をスプレーした後、1分程度経ったらしっかり拭き取る。	・汚れ（有機物：手垢、油脂等）をあらかじめ除去する。 ・対象物に対して十分な量を使用すること。
逆性石けん※1 （界面活性剤の一種）	・手指の消毒・殺菌 ・薬品を浸した布などで物の表面を拭いた後、そのまま乾燥させる。	・手指の殺菌に用いる場合、先に汚れを石けんで落とし、十分すいでから用いる。 ・普通石けんと併用すると殺菌力が低下する。
界面活性剤※2	・薬品を浸した布などで物の表面を拭いた後、5分程度経ったら布などで水拭きし洗剤を拭き取り、最後に乾拭きする。	・手指には使用しない。 ・作り置きした液は効果がなくなる。

※1　塩化ベンザルコニウム（0.05%以上）、塩化ベンゼトニウム（0.05%以上）、塩化ジアルキルジメチルアンモニウム（0.01%以上）
※2　直鎖アルキルベンゼンスルホン酸ナトリウム（0.1%以上）、アルキルグリコシド（0.1%以上）、アルキルアミンオキシド（0.05%以上）、ポリオキシエチレンアルキルエーテル（0.2%以上）、純石けん分（脂肪酸カリウム（0.24%以上））、純石けん分（脂肪酸ナトリウム（0.22%以上））

（謝村　錦芳）

9 学校での消毒の方法

学校の実状に応じてできる範囲で

　各学校では、文部科学省や自治体の教育委員会からの通知「新型コロナウイルス感染症対策等の衛生管理マニュアル」に基づき、学校薬剤師等の指導を受けて、その学校でできる消毒方法を検討し、教職員の協力を求めて実施をしてきました。

　学校が所持している消毒薬や予算や学校の実情により、使用する消毒薬・物品・方法・消毒の時間帯や担当者に違いがあります。いずれにしても、学校現場で、限られた物資と時間と人員で、本務を圧迫せずに効率よくかつ継続可能な消毒方法を検討していくことが重要です。そのためには、常に新しい情報をキャッチして、学校現場に沿う部分を見極めていくことが求められます。

　最新の通知によると、通常の清掃活動の中にポイントを絞って消毒の効果を取り入れる考え方が提示されました。発達段階に応じて、児童生徒がこれらの作業を行ってもよいこと、スクール・サポート・スタッフや地域学校共同本部による支援等、地域の協力を得ることなどについても記載されています。

> ①床は通常の清掃活動の範囲で対応
> ②机・椅子の特別な消毒は不要、必要に応じて家庭用洗剤等を用いて拭き掃除
> ③大勢がよく手を触れる場所（ドアノブ、手すり、スイッチなど）は1日1回、消毒を行う（家庭用洗剤等を用いた拭き掃除で代替可能）など

これまで、国が推奨してきた消毒薬と消毒方法について記します。

（参考）【消毒の方法及び主な留意事項について】※1

	消毒用エタノール	一部の界面活性剤※2	次亜塩素酸ナトリウム消毒液	次亜塩素酸水
使用方法	・消毒液を浸した布巾やペーパータオルで拭いた後、そのまま乾燥させる	【住宅・家具用洗剤】 ・製品に記載された使用方法どおりに使用 【台所用洗剤】 ・布巾やペーパータオルに、洗剤をうすめた溶液をしみこませ、液が垂れないように絞って使う。拭いた後は、清潔な布等で水拭きし、最後に乾拭きする	・0.05％の消毒液を浸した布巾やペーパータオルで拭いた後は、必ず清潔な布等で水拭きし、乾燥させる（材質によっては変色や腐食を起こす場合があるため） ・感染者が発生した場合のトイレでは0.1％の消毒液を使用	【拭き掃除】 ・製品に、使用方法、有効成分、酸性度、使用期限の表示があることを確認 ・有効成分濃度80ppm以上のものを使用 ・汚れをあらかじめ落としておく ・十分な量の次亜塩素酸水で表面をひたひたに濡らす ・少し時間を置き（20秒以上）きれいな布やペーパーで拭きとる
主な留意点	清掃作業中に、目、鼻、傷口に触らないようにする			
	・引火性があるので電気スイッチ等への噴霧は避ける ・換気を充分に行う	・パンフレット「ご家庭にある洗剤を使って身近な物の消毒をしましょう」（経済産業省・NITE令和2年6月26日現在）の知見により作成資料参照	・必ず手袋を使用（ラテックスアレルギーに注意） ・手指消毒には使用しない ・色落ちしやすいもの、腐食の恐れのある金属には使用不可 ・希釈した次亜塩素酸ナトリウムは使い切りとし、長時間にわたる作り置きをしない ・換気を十分に行う ・噴霧は絶対にしない ・児童生徒等には扱わせない	・パンフレット「「次亜塩素水」を使ってモノのウイルス対策をする場合の注意事項」下記資料参照※3

※1　文部科学省「学校における新型コロナウイルス感染症に関する衛生管理マニュアル〜「学校の新しい生活様式」〜」（2020年8月6日 Ver.3）を元に改変。

※2　効果が確認された界面活性剤を含む洗剤を使用する場合は、以下の情報を参考にすること。「洗剤のリスト」独立行政法人製品評価技術基盤機構（NITE）ホームページ。

※3　次亜塩素酸水に関する資料は上記 ※1資料の「別添資料11」を参照。

消毒例

共有部分の消毒は清掃時　消毒をする物品によって、消毒用エタノールをティッシュ
に清掃担当教員が実施。　ペーパーまたはクロスで消毒。

日常的な消毒と感染者が発生した場合の消毒

　当然ですが、上記のような日常的な消毒と感染者が発生した場合の消毒
では、その方法、留意点は変わりますのでご注意ください。以下の表にま
とめましたので、学校で共有していただけるとよいと思います。

	消毒の方法	留意点
日常的な消毒について	・児童生徒等がよく手を触れる箇所（ドアノブ、手すり、スイッチなど）や共用物は1日に1回以上、消毒液を浸した布巾やペーパータオルで拭く。 ・トイレや洗面所は、家庭用洗剤を用いて洗浄する。	・用具や物品の共用をできるだけ避ける。 ・器具・用具や清掃道具など使用する物については、使用の都度消毒するのではなく、使用前後に手洗いを行うよう指導する。
感染者が発生した場合の消毒について	・当該感染者が活動した範囲を特定して汚染が想定される物品を消毒用エタノールまたは0.05％の次亜塩素酸ナトリウムにより消毒する。 ・トイレについては、0.1％の次亜塩素酸ナトリウム消毒液または消毒用エタノールを使用して消毒する。	・保健所や学校薬剤師などと連携して行うが、必ずしも専門業者を入れて施設全体を行う必要はなく、物の表面についたウイルスの生存期間が24～72時間くらいとされていることから、消毒できていない箇所は生存期間を考慮して立ち入り禁止とするなどの処置も考えられる。

参考
0.05％以上の次亜塩素酸ナトリウム液の作り方

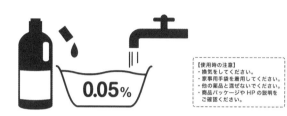

0.05%

【使用時の注意】
・換気をしてください。
・家事用手袋を着用してください。
・他の薬品と混ぜないでください。
・商品パッケージや HP の説明を
　ご確認ください。

以下は、次亜塩素酸ナトリウムを主成分とする製品の例です。
商品によって濃度が異なりますので、以下を参考に薄めてください。

メーカー （五十音順）	商品名	作り方の例
花王	ハイター キッチンハイター	水 1L に本商品 25mL（商品付属のキャップ 1 杯）※ ※次亜塩素酸ナトリウムは、一般的にゆっくりと分解し、濃度が低下して 　いきます。購入から 3 ヶ月以内の場合は、水 1L に本商品 10ml（商品 　付属のキャップ 1/2 杯）が目安です。
カネヨ石鹸	カネヨブリーチ カネヨキッチンブリーチ	水 1L に本商品 10mL（商品付属のキャップ 1/2 杯）
ミツエイ	ブリーチ キッチンブリーチ	水 1L に本商品 10mL（商品付属のキャップ 1/2 杯）

（プライベートブランド）

ブランド名 （五十音順）	商品名	作り方の例
イオングループ （トップバリュ）	キッチン用漂白剤	水 1L に本商品 10mL（商品付属のキャップ 1/2 杯）
西友 / サニー / リヴィン （きほんのき）	台所用漂白剤	水 1L に本商品 12mL（商品付属のキャップ 1/2 杯）
セブン&アイ・ ホールディングス （セブンプレミアム ライフスタイル）	キッチンブリーチ	水 1L に本商品 10mL（商品付属のキャップ 1/2 杯）

※上記のほかにも、次亜塩素酸ナトリウムを成分とする商品は多数あります。
　表に無い場合、商品パッケージや HP の説明にしたがってご使用ください。

洗剤の使い方はこちら▶▶▶
こちらをクリック

また、消毒液の効能については、この間、様々な情報が流れています。ここでは、NITE（＝ナイト：独立行政法人製品評価技術基盤機構）の見解をご紹介します。

　NITEでは、①新型コロナウイルス対応で消毒用アルコール等の需給が逼迫している、②一般家庭等で入手可能なもののうち、アルコール消毒液の代替になり得る候補物資の選定と有効性評価が急務であるとしています。これらのことを背景に、政府が既に推奨している消毒方法である①熱水、②アルコール消毒薬、③塩素系漂白剤の他に、代替可能な消毒薬「界面活性剤」「次亜塩素酸水」を検証し、2020年6月25日現在、「界面活性剤」は9種、「次亜塩素酸水」は2種についてその効果の報告をしています。**次亜塩素酸水の利用に当たっては、①有効塩素濃度があること、②汚れ（有機物：手垢、油脂等）をあらかじめ除去すること、③対象物に対して十分な量を使用すること、の注意が必要であることが確認されました。**

　学校でも消毒液については迷うことも多いと思いますが、今後、さらに効果が検証され、学校や家庭で使用可能な消毒薬が増える可能性もあります。最新情報をしっかりとチェックしていきましょう。　　（道上 恵美子）

〈参考〉

・文部科学省「学校おける新型コロナウイルス感染症に関する衛生管理マニュアル〜「学校の新しい生活様式」〜」（2020年8月6日 Ver.3）
・独立行政法人製品評価技術基盤機構（NITE）ホームページ。
　https://www.nite.go.jp/information/osirase20200626.html
・経済産業省「ご家庭にある洗剤を使って身近な物の消毒をしましょう」
　https://www.meti.go.jp/press/2020/06/20200626013/20200626013-3.pdf

基礎疾患、障害など特別な配慮を要する子どもたちへの留意点

さまざまな基礎疾患、障害がある中で、新型コロナウイルス感染症において、特に気をつけるべき状態について知っておく必要があります。

重症化しやすい基礎疾患

　2020年6月までの多くの報告によれば、新型コロナウイルスについて、小児は成人にくらべて罹患は少ないと言われています。さらに、その少ない感染者のうち95%が無症状、軽症あるいは中等症であり、0.6%〜2%ほどが重症になり、集中治療を必要としたと報告されています。基本的に小児は無症状軽症な例が多いということになります。だからといって感染しても問題はないということはありません。特に重症例の中には、軽症中等症例に比べると、基礎疾患をもつ例が少なからず認められます[1]。

　海外のレビュー[2]によれば、小児の新型コロナウイルス感染者のうちの2割に、何からの基礎疾患、合併症があったと報告されています。合併していた基礎疾患の内訳では、半数近くが気管支喘息や、早産低出生体重で生まれた子どもによく見られる慢性肺疾患、2割が生まれつきの心臓病（先天性心疾患）、1割が免疫抑制状態（臓器移植後や慢性腎疾患や膠原病などで免疫抑制剤を投与されている例）、白血病などの血液腫瘍疾患や、神経疾患、肥満などが挙げられています[2]。

　また、小児の重症例の7割に基礎疾患があったとの報告もありました。その報告によると神経疾患が一番多く、呼吸器疾患、血液疾患、遺伝子疾

患、免疫抑制状態、腎疾患が合併疾患として挙げられていました[3]。

　まとめると、小児において、新型コロナウイルス感染症が重症化してしまうハイリスク因子としては

- ・気管支喘息や慢性肺疾患
- ・重篤な心疾患（先天性心疾患など）
- ・免疫抑制状態（臓器移植や腎疾患や膠原病などで免疫抑制剤などを使用している状態）
- ・神経疾患
- ・血液腫瘍疾患（白血病など）
- ・肥満など

が挙げられます。

　これらに該当する児童生徒については、感染した場合に重症化する可能性が高いので注意が必要です。

罹患しやすい基礎疾患がある?

　感染した場合に重症化するリスクが高い群と感染するリスクが高い群とは、一部重なる例もありますが厳密には同じではありません。現時点での報告では、小児の感染者は8割弱が家庭内に感染者がいる家族内感染だといわれており、小児からの感染の広がりは成人にくらべて程度が軽いといわれています[4]。フランスからの報告では、学校生活やスキー教室に感染者が参加している状況において、インフルエンザなどの他のウイルスの感染は児童生徒の1割から2割に拡大していたのに比べて、新型コロナウイルスの感染は広がっていませんでした。小児における新型コロナウイルスの感染しやすさは、成人より低いのではないかと推測されています[5]。

　そのため、もともと数が少ない基礎疾患を有する小児において感染しやすいかどうかを証明することは難しいと考えられます。理論的には、免疫

抑制状態にある子どもは感染しやすい可能性がありますが、はっきりとした証拠はありません。現時点では、罹患しやすい基礎疾患を明らかに同定することは困難です。

どのように注意すればよいか？

　小児における新型コロナウイルス感染症の症状は、発熱、咳が半数程度ともっとも多く、3割程度にのどの痛み、1割程度に鼻水や鼻づまりなどの上気道症状が認められました。嘔吐や下痢などの消化器症状も、1割程度で報告されています[1]。

　また、無症状で経過する例や他の感染性疾患（インフルエンザやRSウイルス感染症など）と同時に感染している例も報告されています。つまり、症状からでは、他の風邪と区別はつきません。多くはありませんが、無症状例や軽症例から感染する場合も認められますので、基礎疾患をもつ子どもだけではなく、教員をはじめとした職員や児童生徒は、それぞれが感染しない感染させないような、学校全体での環境や体制づくりが最重要となります。

　低年齢や特別支援学校に在籍しているような、意思表示が難しい子どもの場合は、訴えがはっきりしないこともあり、検温や日々の健康観察をしっかり行うことが必要とされます。また、重症化するリスクの高い基礎疾患をもつ児童生徒においては、鼻水や咳といった軽微な症状でも有症状の場合は自宅で安静にしていただき登校を控えてもらうことも考慮されます[6]。特別支援学校に在籍している児童生徒の場合、かかりつけ医に学校生活で留意すべき点があるかどうか確認してもらうことも必要かもしれません。

　医療的ケアが必要な児童生徒は、マスクを着けることが難しかったり、口腔内吸引や気管内吸引、経鼻胃管や胃ろうからの注入栄養を学校内で行わなければなりません。新型コロナウイルスはおもに気道や消化管の細胞

内で増殖します。吸引された分泌物、便などにもウイルスは存在します。ウイルス単体が空気中をただよって感染する空気感染は起こしませんが、エアロゾルという細かな液体粒子などにウイルスが含まれていて、それを吸ったり接触した手などを口や鼻にもっていくことで感染するといわれています。目の結膜に付着しても感染が成立します。

　たとえ感染者でないとしても、口腔内や気管内吸引をする際にはエアロゾルが発生するため、ケアの前後で手指消毒を徹底すること、マスク装着や目を守ることができるようなフェイスガード、もしくはアイガードを使用したほうがよいでしょう。

　また、新型コロナウイルスは、エアロゾルでは3時間、段ボールの表面では24時間、プラスチックの表面では72時間検出されたと報告されています[6]。吸引だけでなく、経鼻胃管や胃ろうなどの器具を取り扱うときにも、手指衛生消毒をきちんと行うことが必要です。　　　　　　（満下 紀恵）

〈参考〉

1　Patel, Neha A. "Pediatric COVID-19 : Systematic review of the literature." *American Journal of Otolaryngology*, 2020 Jun 6 : 41 (5): 102573.

2　Liguoro, Ilaria et al. "SARS-COV-2 infection in children and newborns: a systematic review." *European Journal of Pediatrics*, 2020 Jul; 179 (7) : 1029-1046.

3　Oualha, M. et al. "Severe and fatal forms of COVID-19 in children." *Archives de Pédiatrie*, 2020 Jul; 27 (5) : 235-238.

4　Mannheim, J. et al. "Characteristics of Hospitalized Pediatric COVID-19 Cases - Chicago, Illinois, March - April 2020." *Journal of the Pediatric Infectious Diseases Society*, 2020 Jun 1; piaa070.

5　Danis, K. et al. "Cluster of Coronavirus Disease 2019 (COVID-19) in the French Alps, February 2020." *Clinical Infectious Diseases*, 2020 Jul 28 ; 71 (15) : 825-832. doi: 10.1093/cid/ciaa424.

6　van Doremalen, N. et al. "Aerosol and Surface Stability of SARS-CoV-2 as Compared with SARS-CoV-1." *The New England Journal of Medicine*, 2020 Apr 16; 382 (16) : 1564-1567.

3章 ● 子どもへの健康教育と相談体制

保健教育と感染症
―何をどのように教えるか―

なぜ感染症を教えるのか

　児童生徒を取り巻く生活環境は、都市化、少子高齢化、情報化、グローバル化などにより急激に変化しています。このような変化は、児童生徒の心身の健康に大きな影響を与えます。特にグローバル化は、新型コロナウイルス感染症の急激な蔓延を全世界に引き起こしました。

　新型コロナウイルス感染症は未だ解明されていない感染症（新興感染症）であるため、人々を不安に陥れます。さらに情報化社会が、不安をかき立てています。誰もが簡単に発信できるSNSにより、誤った情報が数多く発信されています。新型コロナウイルス感染症が蔓延する状況下では、誤った情報は人々の不安に拍車をかけ、不安を増大させ、偏見や差別意識へと形を変えていきます。偏見や差別意識は社会を混乱させ、より感染を拡大させるという悪循環を引き起こします。これを回避するためには、やはり**教育が最大の特効薬**です。

児童生徒が身に付けたい資質能力と感染症

　学校は、児童生徒が適切な情報を選択し、適切に行動する資質能力を育む教育機関としての使命があります。その教育を担うのは教員です。新型コロナウイルス感染症のような未知なる感染症は、今後も発現する可能性があります。また、今は解明されている感染症でも変異をして人間に立ち

向かってくることも想定されます。今まで効いていた薬が効かなくなる感染症も出てくるでしょう。それらに立ち向かい、社会活動を進展させるために、学校は重要な役割を担っています。

（1）児童生徒が身に付けたい資質・能力

　学校は、「生きる力」を育むことを目的に教育活動を展開しています。生きる力とは、確かな学力（知）、豊かな心（徳）、健やかな体（体）です。生きる力は、子どもたちが未来社会を切り拓くための資質・能力を確実に育成することを目指しています。「生きる力」を具体化し、教育課程全体を通して育成を目指す資質・能力は以下です[1]。

① 「何を理解しているか、何ができるか（生きて働く「知識・技能」の習得）」、
② 「理解していること・できることをどう使うか（未知の状況にも対応できる「思考力・判断力・表現力等」の育成）」、
③ 「どのように社会・世界と関わり、よりよい人生を送るか（学びを人生や社会に生かそうとする「学びに向かう力・人間性等」の涵養）」

　なお、全ての教科等の目標及び内容は上記下線部の柱で整理されており、評価の観点でもあることは周知のとおりです。

（2）保健教育で身に付けたい資質・能力

　保健教育で児童生徒に身に付けたい資質・能力は以下です。

【知識・技能】
　様々な健康課題、自然災害や事件・事故等の危険性、健康・安全で安心な社会づくりの意義を理解し、健康で安全な生活を実現するために必要な知識や技能を身に付ける。

【思考力・判断力・表現力等】

　自らの健康や安全の状況を適切に評価するとともに、必要な情報を収集し、健康で安全な 生活を実現するために何が必要かを考え、適切に意思決定し、それを表す力を身に付ける。

【学びに向かう力・人間性等】

　健康や安全に関する様々な課題に関心を持ち、主体的に、自他の健康で安全な生活を実現しようとしたり、健康・安全で安心な社会づくりに貢献しようとしたりする態度を身に付ける。

　保健教育は、児童生徒が学習・生活する場である学校で、健康で安全な生活を送ることができるように、そして生涯にわたって健康で安全な生活や健全な食生活を送るために必要な、資質・能力を育むことを目指しています。

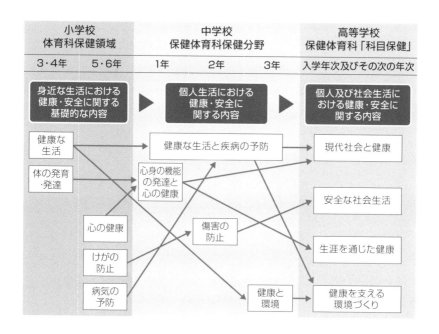

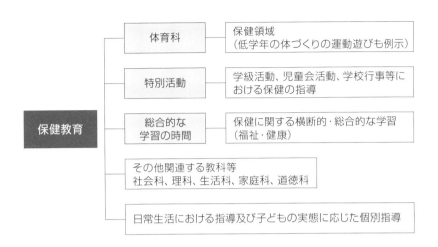

保健教育の体系は左図の通りです。小学校では体育科（保健領域）、中学校では保健体育科（保健分野）、高校では保健体育科（科目保健）で授業が行われます。しかし授業時数は非常に少なく、小学校では3・4年生で合計8時間、5・6年生で合計16時間、中学校では3年間で48時間、高校では1・2年生で約週1時間（2年間で70時間）です。

　保健の授業はもとより上図のように各教科領域等の教育課程に健康に関する内容を位置付け、日々の生活に日常化・習慣化することで必要な資質能力を育成します。すなわち保健教育は保健体育科の授業だけではないということです。日常生活の中に保健教育が存在することを認識しながら、日常指導を実践することが重要です。

感染症を通じて育む資質・能力

　感染症は児童生徒にとって身近で、誰もが経験したことがある疾病です。また、感染症予防の3原則は、「感染源対策」「感染経路対策」「感受性者対策」です。児童生徒自らがインフルエンザに罹った経験や、身近な人がインフルエンザに罹ったときに見たり聞いたりした経験と保健教育で

学んだ知識を結び付け、感染対策の3原則に則り、どのようにしたら防ぐことができるかを考えます。日常生活にすぐに生かせる学習、日常生活に生かしてこそ身につく資質・能力です。学習したことを日常生活に生かせる、即効性のある学習が保健教育といえます。

（3）新学習指導要領における感染症の取り扱い

2020（令和2）年度から小学校、2021年度から中学校で完全実施される新学習指導要領では、感染症に関する内容は、以下の教科領域で扱います[2]。指導に当たっては養護教諭や学校医等の専門家を活用して、効果的に指導します。

①小学校：体育科保健領域、中学校：保健体育科（保健分野）、高校：科目保健

保健科の教育内容は発達段階に応じて系統的に位置付けられ、内容に広がりがあります（下図）。内容の広がりとは、小学校では個人や周りの人々、中学校では個人を取り巻く集団、高等学校では個人が所属する社会に目を向け健康をとらえるということです。

新型コロナウイルス感染症を題材として扱う際には、明らかになっていないことも多々あることから、学校医等の専門家をゲストティーチャーとして活用したり、専門機関から発信される資料を活用したりするなど、情報源を明示します。養護教諭とも連携して進めます。

【主として感染症が扱われる保健科単元】

小学校3年：健康な生活

小学校6年：病気の予防

中学校3年：健康な生活と疾病の予防（オ）感染症の予防

高校1年：現代社会と健康（イ）現代の感染症とその予防

---

②特別活動

　特別活動は、学校という「ミニ社会」で生じる課題を発見し、よりよく解決することを通じて、他者との協調性や合意形成等を目指す活動です。特別活動で育まれた資質・能力は、社会に出た際、様々な集団や人間関係づくりに生かされます。特別活動では互いのよさや可能性に気づくことができます。

〈感染症に関連する学級活動〉

　学習指導要領には、健康安全に関する内容があります。

日常の生活や学習への適応と自己の成長及び健康安全
　ウ　心身ともに健康で安全な生活態度の形成
　　　　現在及び生涯にわたって心身の健康を保持増進することや、事件や事故、災害等から身を守り安全に行動すること。

（小学校学習指導要領より抜粋。下線部は筆者。）

　児童生徒が自ら進んで感染対策上の生活の課題を見いだし、（例：手洗いはいつしたらよいか、手洗いするときに密集を防ぐにはどうしたらよいかなど）解決策を考え、実行、評価、改善する学習活動を取り入れます。給食指導と関連付けて行うと効果的です。給食の時間は標準授業時数には含まれませんが、教育課程上の学級活動に位置づきます。手洗い→給食の準備→配膳→喫食→下膳→歯みがきを一連の給食活動のプロセスとして捉え、その場面に適した感染対策を子どもたちとともに考え実践します。

〈児童会・生徒会活動（児童生徒保健委員会活動）における感染対策活動〉

　児童会・生徒会活動は、学校生活を楽しく豊かにする異年齢集団の自発的、自治的な活動です。高学年の児童がリーダーとなり学年、学級を超えて児童・生徒同士で協力したり交流したり、協働して「健康・安全で楽しい学校」の実現を目指します。

児童・生徒保健委員会では、その目的を共有しながら「手洗いの動画」を作成して放送したり、児童生徒集会で劇やパフォーマンスを行ったり、「手洗い場の点検活動」や「石けんなどの補充活動」をポイント制にするなど、楽しく取り組めるアイデアを出し合いながら活動します。このような児童生徒の活動は学校のホームページなどで学校内外に発信し、子どもの活動や頑張りを認め、自己有用感を育むようにします。

　子どもたちの自主的・自治的な活動は社会性を育むことにもつながり、一人一人のよさや可能性を引き出し、伸ばす活動にもなります。現に、保健委員会に所属した子どもたちが将来、養護教諭や看護師、保健師など公衆衛生の分野で働きたいと希望するなど、キャリア支援につながる場合もあり、貴重な教育活動といえます。

　その他にも、遠足や集団宿泊行事、運動会や体育祭、文化祭や健康診断等、学校行事に関連して保健教育を行う機会は多々あります。生活に根差しているからこそできる保健教育です。

　新型コロナウイルス感染症対策においては、規則正しい生活習慣により免疫機能を高める（感受性者対策）、手洗いを正しく励行することにより感染経路を断つ（感染経路対策）、マスクをして飛沫拡散を防ぎ感染源を絶つ（感染源対策）を徹底し、「新しい生活様式」が「当たり前の生活様式」になるよう日常化していくことが求められます。同時にこれら環境の変化は、人々の心にも疲れやストレスを生じさせます。ゆっくり、焦らず、誰でも起きる反応であることを心にとどめ、ケアをしていく必要があります。

（大沼 久美子）

〈参考〉

1　文部科学省『改訂「生きる力」を育む小学校保健教育の手引』（2019年3月）
2　特に中学校は、文部科学省『改訂「生きる力」を育む中学校保健教育の手引（追補版）　保健体育（保健分野）第3学年指導事例　感染症の予防～新型コロナウイルス感染症～』（2020年3月）が参考になる。

感染症対策を意識化させる環境づくり

約2か月間の休校の後、学校を再開してからの生活では、「学校における新しい生活様式」を実施することが求められました。「withコロナ」とも言われる生活の中で、生徒が主体的に継続的に感染症対策を行えるようになるためには、常に対策を意識できるような環境づくりが必要です。

その環境づくりの一つが「掲示」です。新しい生活様式として、健康観察・手洗い・消毒・密を避ける、などを自ら行っていくことができるように、取り組むべきことを「視覚化」することが重要です。視覚化する際には、内容をわかりやすく、簡潔に示し、イラストや感染症対策で憂鬱な気分にならないよう、ユーモアを交え、生徒の目を惹くよう工夫することが大切です。また、掲示をする際には、生徒の目につく場所に、生徒の目線に合わせることを意識するとよいでしょう。

学校によって、教室、施設の配置が異なることや、学校種によっては発達段階や特性に配慮した工夫が必要です。

学校に入る際（登校時）

新しい生活様式では、毎朝、生徒が家庭で検温・健康観察をしてから登校します。登校前の検温を忘れたときは、教室に行く前に職員室や保健室で体温を測ることになります。

昇降口の掲示

まず生徒昇降口に、「朝、体温を測っていない人は職員室で測ります」という表示を作成します。歩いて昇降口に入ってくるそれぞれの生徒の目の高さに合わせ、複数枚掲示します。保健室前にも同様の掲示をします。さらに教室の

健康観察を呼びかける教室前の掲示

入口に、検温確認と健康観察カードの準備を呼びかける掲示をして、朝の健康観察が確実に行えるようにします。

学校再開直後は、多くの生徒が朝の検温を学校で行っていましたが、徐々に少なくなりつつあるようです。登校前の検温が生徒にとっていつもの生活様式になりつつあると考えてよいでしょう。

教室前の掲示

教室に入る際

感染症対策の一番の基本は、流水と石けんでの手洗いです。これは今までやってきていることではありますが、新しい生活様式では、登校後や多くの人が触れる場所を触った後等の手洗いを習慣化するよう示されています[1]。また、流水での手洗いができない場合には、アルコールを含んだ手指消毒薬を補助的に用いるものとされています[2]。そこで、教室の入口付近に手洗い・消毒を呼びかける掲示をし、アルコール消毒液を設置しました。普通教室だけでなく、特別教室や職員室前にも設置しているので、生徒への意識付けにつながります。

しかし、現時点ではアルコール消毒薬が手に入りにくい状況は続いているので、基本は「手洗いの徹底」であることを、折をみて担任から指導してもらう必要があります。

保健室利用時の留意点

　新しい生活様式を取り入れながら感染症対策を行っていく上で、保健室利用については多くの課題があります。生徒の体調不良の原因を、保健室での対応だけで明確にすることはできません。様々な理由で保健室を利用する生徒がいますが、感染症対策を最優先する状況では、「登校後、体調不良になった場合は、早退をして自宅で休養する」という対応となっています。

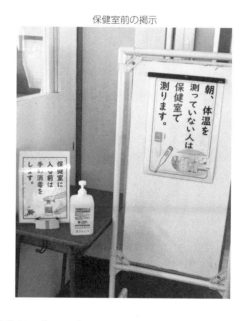

保健室前の掲示

　保健室来室者は、入室前の消毒ができるように、入口に掲示をしてアルコール消毒液を設置しています。保健室に入室する前に、保健室に隣接する部屋や廊下にコーナーを設け、可能な限り検温してから入室する工夫なども必要です。体調不良による利用者とケガ等による利用者の動線を分けられるよう、パーテションで区切っています。体調不良者が保健室に在室している場合は、入口に「保健室に来た人は入口で先生に声をかけてください」という表示を掲示し、廊下で生徒の話を聞いてから、保健室に入室させるかどうかを判断します。

校内で行列や密になりやすい場所

休み時間や給食前、清掃終了後などの時間は、全校が一斉に動かなくてはならず、密を避けられない状況があります。生徒の人数に対して水道やトイレの数も十分ではありません。そのような状

廊下の床の足型

況においても、少しでも密にならないような手立てを工夫していく必要があります。例えば、水道前の床には足型を表示して、間隔を空けて使用することを意識できるようにしています。

また、廊下の壁にはソーシャルディスタンスを呼びかける掲示をし、廊下の床には1〜2m間隔でテープを貼って、生徒が距離感をつかめるようにしています。給食前の手洗いは、給食当番とそれ以外の生徒で、時間差をつけて使用し、トイレを待つ場合は、廊下で間隔を空けて待つように指導します。

感染症対策としては、掲示による「視覚化」での環境づくりと併せて、生徒の実態に応じて直接声で伝える働きかけも必要です。それらを両輪で進めることで、新しい生活様式が日常化し、自分の、そしてみんなの健康・命を守る感染症対策となっていくよう、取り組むことが大切だと感じます。

（渡邊 睦美）

〈参考〉

1　文部科学省「学校おける新型コロナウイルス感染症に関する衛生管理マニュアル 〜「学校の新しい生活様式」〜」（2020年8月6日 Ver.3）

2　文部科学省「新型コロナウイルス感染症に対応した小学校、中学校、高等学校及び特別支援学校等における教育活動の再開等に関するQ＆A」（令和2年4月17日時点）

3 心と体のケア

　新型コロナウイルス感染症の流行は、依然として収束が見通せない状況です（2020年8月上旬現在）。現在、感染予防に留意した「新しい生活様式（新型コロナウイルス感染症専門家会議）」を念頭に置いた、新たな学校生活づくりの最中であり、新型コロナウイルス感染症の予防や治療についても、世界中で開発、研究が進められています。ここで書く内容も時々刻々と更新されることに留意し、最新の情報を入手してください。

感染を予防する

　全世界での新型コロナウイルス感染者数は10,330,106名、うち死亡者は508,102名（世界保健機関発表、2020年7月1日現在）におよび、世界的な流行となっています。一方で、10代までの感染例は少なく、他の年代と比べて入院を要したり死亡したりする割合は少ないとされ、わが国でも同様の傾向がみられています。

　ただし小児であっても重篤化しやすい群があり、また感染拡大防止の観点からも、「感染しないこと」は小児でも重要です。まずは感染予防に努め、よい体調を維持することを心がけたいところです。子どもへの感染経路を考えたときに、保護者、教員など周囲の大人が感染予防に努めることは、もちろん重要です。

　一方で「感染対策を徹底した上での学校再開であっても、誰もが感染する可能性があります」（日本小児科学会）との指摘もあり、児童生徒・保

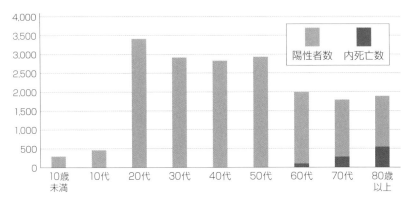

年齢階級別陽性者数・死亡数

凡例:
陽性者数　内死亡数

(厚生労働省発表資料より作成、2020年7月1日18時点)

護者・教員が新型コロナウイルス感染症に罹患した場合の対応を整理して
おくことは、周囲への感染予防、罹患児のスムーズな復帰につながり望ま
しいといえます。

新型コロナウイルス感染症の治療

　新型コロナウイルス感染症による子どもの症状は、軽症であることが多
いとされます。現時点では新型コロナウイルス感染症に対する特別な治療
法はないため、周囲に感染を拡大させないよう予防策をとりながら、安
静、必要であれば対症療法を行い回復を待つこととなります。ただしその
症状は、発熱、咳、嘔吐ほか、感冒など他の疾患と鑑別が難しい症状が多
いです。発熱が続く、呼吸が苦しそう、食事がとれずぐったりしていると
いった状態であれば、感染の有無にかかわらず医師の診察を勧めます。

　相談・受診については、「小児については、小児科医による診察が望ま
しく、帰国者・接触者相談センターやかかりつけ小児医療機関に電話など
で御相談ください。」（厚生労働省）とされています。

　児童生徒の新型コロナウイルスへの感染が明らかになった場合、無症状

ないし自覚症状が改善しても、感染予防の観点から、自宅で経過観察を要して欠席が長期化したり、感染に対する偏見・差別の問題が生じたりする可能性もあります。また、小児の感染例は家族内感染が少なくないため、養育者からのケアを受けにくい場合があります。さまざまな配慮や支援を準備して、元気になった子どもたちを学校に迎えたいものです。

感染症流行が子どもたちの健康にもたらすもの

　感染予防に配慮した暮らしの中で、健康に関わる大きな要因の一つは「制限」です。感染経路が接触感染、飛沫感染であることから、感染予防のために外出自粛（在宅勤務、学校の休校など）、対人交流の回避（対面しない、集まらないなど）が勧められました。感染から身を守る（他人にうつさないことも含めて）ための自衛策ですが、不自由と感じた人は大人も子どもも少なくなかっただろうと思います。加えて多くの人が生活習慣、生活環境の急激な変化に対応する必要に迫られることになりました。総じてストレスフルな生活となり、心身の健康を損ねたり、家庭内の対人関係に葛藤を抱えたりすることが懸念されています。この背景には、普段利用できていた支援が感染予防のために利用できなくなり、問題が顕在化しやすくなったこともあります。今後の新型コロナウイルス感染症の流行について確かな見通しが立たない中、感染の制御状況にあわせた生活を考えていく必要があります。

（1）外出や対人交流の制限

　今回の新型コロナウイルス感染症の予防のために、外出は自粛が求められ、学校も休校となりました。対策として、密集や接触を避けた外遊び、オンラインでのクラス交流など、さまざまな試みがなされましたが、普段よりも孤独・孤立した状態に陥った子どもたちは多かったと考えられます。

児童思春期の子どもたちについて、社会的孤立や孤独感がうつ病リスクを高め、その影響は数年間に及ぶとされています[1]。今回の新型コロナウイルス感染症の流行でも、抑うつ、不安をはじめ、悲しい気持ち、いらいら、恐怖、落ち着かなさ、集中困難、身体の不調、睡眠の問題など、さまざまな精神症状が報告されています。これらの症状は新型コロナウイルス感染症に特有のものではなく、これまでも外出が制限されるような感染症流行時に見られたものです。

　このような状況は、普段から精神的不調のある子どもたちにとってより深刻で、感染症流行によりケアが受けにくくなることも重なって、一層重篤な状態になりうることに注意が必要です。

　外出自粛時を念頭に、アドバイスを下の資料のようにまとめました。制限がある暮らしの中で実現できることが重要であるため、具体的には子どもたち1人1人に合わせて指導を考えたいです。

　外出や対人交流の制限によるストレスについて述べてきましたが、自ら制限を受け入れる（例えば、制限を守って他人に感染を広げないと考える）ことで、そのストレスを減じることができると考える研究者もいます[2]。この点でも、新型コロナウイルス感染症とその予防について、正しい知識をもって判断、行動することが役に立つでしょう。

【資料】　毎日元気にすごすために

```
　1　健康第一、感染予防をキチンとしよう
　2　毎日登校していた時のルーティンを思い出そう
　3　健康的な生活習慣を忘れずに
　4　ひとりの時間と気分転換の時間を持とう
　5　友達、先生とつながる機会を作ろう
　6　お手伝いなど、誰かの役に立つことをしてみよう
　7　こんな時に不安、気分が落ち込むのはあなただけではない
　　　おうちの人、先生に相談してみよう
　　　がまんしたりがんばったりしないこと
```

（2）生活習慣の変化

　休校がもたらした健康に関わる影響の一つが、生活習慣の変化です。2020年5月、休校となる学校も多い中で行われた、児童生徒を対象とした調査で、睡眠時間の乱れがあった人の割合は約6割との報告（「コロナ×こどもアンケート」第1回調査報告書、国立成育医療研究センター）がありました。同調査では、回答した小中学生の7割以上がテレビ・スマホ・ゲームなどの時間が去年より増えたことも指摘しています。これに対して、生活習慣の維持を呼びかける指導が勧められています。文部科学省のメッセージ「児童生徒の皆さんへ」（「子供の学び応援サイト」内）には、「学校の休業中は、夏休みや冬休みなどと同じ様に、いつも通りの生活リズムで過ごしましょう」とあります。また、自宅学習のコツについて、「着替える、日々のルーティンを作る、浮いた通学時間を運動等にあてる……」とまとめた資料[3]もあります。

　このほか、外出自粛生活による体重の変動についても調査が進められています。海外では長期休暇明けに子どもたちの体重が増加するとの報告があり、外出が制限され、栄養バランスのよい給食を摂ることもできない、休校中の子どもたちに注意を払う必要があると指摘されています。

（3）生活環境の急激な変化

　学校が休校となる一方で、在宅勤務となる会社も多く、家族全員が顔をそろえる時間が増えました。そのよい影響にも目を向ける必要がありますが、普段と違う家族間の距離は、子どもにとっても大人にとってもストレスになることがあります。

　保護者にとっては、子どもの世話に費やす時間が増え、特に在宅勤務の傍ら……という場合には、並列作業をこなす能力が普段よりも求められることになり、負担となったかもしれません。また休校下で、小・中学生の子どもをもつ保護者の7割が「こどもの学習支援についての情報」を知りたい・必要と回答しており（前出、国立成育医療研究センター）、家庭学

習の見守りも負担になっていたことが示唆されます。このほか、感染予防のため、同居する家族以外から支援が受けられないことや、収入減など家計の問題も保護者のストレス因となりました。

これらのストレスは保護者自身の精神的不調や、子どもに対する虐待の頻度を上げることが知られています。一方で外出自粛中には、家庭に外からの目が届きにくく、子どもの様子や声に気づきにくいため、学校再開後、はじめて子どものピンチに気づくケースもあると考えられます。この時期の学校での健康観察・相談は一層重要になるでしょう。

(4) 子どもの健康を守るサービスが中断・延期

新型コロナウイルス感染症の流行により、中断や延期を余儀なくされた子どもへの支援もあります。例えば、未就学児を含む健康診断や予防接種は延期されたケースが多く、これによる健康上の問題が指摘されています。感染予防に留意した健康診断の実施は、学校にとって新たな課題となるでしょう。

学校内での（健康）相談についても、従来通りに対面で実施することは困難となり、感染予防に配慮した方法が考案されています。カウンセラーによる学内相談に遠隔技術（ビデオ・電話・メール会議など）を活用した試みもありますが、セキュリティを含め技術的、倫理的な問題の指摘もあり、今後の検討が必要です。

普段から医学的ケアを受けていた子どもたちについては、感染症予防の観点から受診間隔が空く、訪問サービスや療育支援が通常通り受けられないといったケースが見られました。新型コロナウイルス感染症流行下で遠隔診療の実施が認められましたが、本来対面で得られる所見が得られない、初診時に処方できる薬剤に制限があるなど、十分に対面診療を代替するには至らないと考えられます。

ほかに、地域でのつながりや親族とのコミュニケーションなど、周囲からは見えにくい、子どもや保護者への支援も減少していると考えられます。

(5) 感染症流行収束に向けて

　新規感染者数が減少し、日本では2020年6月ごろから登校再開の動きが全国に広がりました。今後も感染予防に留意した、「新しい生活様式」（新型コロナウイルス感染症専門家会議）としての学校生活が形作られていくでしょう。これに伴い、変更（登校の頻度や授業の時間割、行事など）が生じるたびに、子どもたちの適応状況をチェックし、支援をお願いします。先行きがみえず、変更が多い状況を苦手とする子どもには、特に密な支援が必要です。

　また、登校しないことや友達と会えない・遊べないことがストレスにならず、むしろ負担が減ったと感じる子どももいます。「登校することやクラスメイトとの交流に、元々負担を感じていた」と話すこともあり、登校再開後にはかえってストレスが強まったり、生活に適応できなかったりすることがあります。細やかなフォローをお願いします。

　また、家計の問題は、感染症流行が下火になってもしばらく続くとされています。前記の通り、保護者にとって大きなストレスとなって、保護者のメンタル不調につながるだけでなく、子どもにも影響が及ぶことでしょう。

　感染症流行の終息は見通せておらず、子どもたちには今後も息の長い見守りと支援が必要になります。先生方、保護者の方々も、感染予防に努め、ご自身の心身の健康維持に留意しながら、子どもたちの支援に取り組んでいただきたいと思います。

（大島 紀人）

〈参考〉

1　Loades ME, Chatburn E, Higson-Sweeney N, et al. Rapid Systematic Review : The Impact of Social Isolation and Loneliness on the Mental Health of Children and Adolescents in the Context of COVID-19. *J Am Acad Child Adolesc Psychiatry*. 2020.

2　Brooks SK, Webster RK, Smith LE, et al. The psychological impact of quarantine and how to reduce it: rapid review of the evidence. *Lancet*. 395(10227) : 912-920. 2020.

3　University of New Hampshire. Tips for Good study Habits during Covid-19. https://www.unh.edu/student-life/study-tips-covid-19 (2020年6月30日現在)

子どもの人権を守る
という視点
（虐待、いじめなどの対応）

いじめや差別、偏見

　感染拡大が進行する中で、初期の頃にはアジア系の方々をターゲットとした多くの人種差別が起こりました。それは、30年前に起こったエイズパニックを彷彿させるものでした。差別、偏見は正しい知識がないことで起きてしまいます。特に新しい感染症は、その原因や特徴が解明されていないことから過度に不安や恐怖感を抱きやすいと思います。それらを払拭するために必要なことは、やはり教育と啓発です。正しい知識、対応スキルを取得することや、感染者に対する共感的理解を醸成することが大切です。

　また、もう一つの差別や偏見の問題として、今回の新型感染症は多くの医療従事者や福祉に関わる方々に対する差別や偏見を生みました。突然の感染症拡大によって医療体制、施設などの体制整備が間に合わず多数の医療従事者や福祉関係の方々が感染しました。子どもたちの保護者やきょうだい、親類の中には医療従事者や福祉関係の仕事をしている方がいます。特にそのような方と関係のある子どもの人権を守ることはとても重要です。ある子どもやその家族からの感染が広がってしまった場合、「○○さんが原因で、○○さんに感染させられた」などの言葉が飛び交うことがないように、子どもたちや家庭、地域への事前の教育や啓発が大切です。噂話などをきっかけとして、いじめにつながってしまうことがないように注意が必要です。

これらは、日頃の学級経営が影響するといっても過言ではないでしょう。だれでも感染する可能性があることを念頭におき、事前に道徳や保健教育、学校だより、学級だより、保健だより、学校ホームページなどで正確な知識を伝達することや感染者に対する思いやりなど、学校を取り巻く地域社会に健全な健康文化を育んでいくことが大切です。

虐待・ネグレクト

　休校となり最も懸念されたのが、家庭に居場所がない子どもたちの安全確保です。虐待の疑いのある子ども、保護者が精神的に不安定であったり、経済的に日々の生活が困窮していたりと、学校が唯一安心・安全な場である子どもも少なくありません。今回の突然の休校によって子どもたちの様子が見えにくくなり、情報が入りにくくなりました。今後もこのようなことが度々起こる可能性があると考えます。子どもたちの人権と命を守るために以下の5点について事前に校内体制で考えておく必要があります。

①子どもがSOSを出しやすい環境整備

　何か困ったときにどこにどのように相談すればよいのか具体的に伝えておくことです。その際にはさまざまな障害特性や子どもの日常の様子や実態のことも加味し、伝え方などのトレーニングも必要です。

②ネグレクトや貧困家庭など、給食によって命をつないでいた子どもたち、虐待や1人で家にいる子どもの安全面など

　虐待やネグレクトが疑われる子どもについては、予め地域の福祉機関と連携しておくことが大切です。休校になった場合、それらの機関と迅速に連携すること、及び子どもに対しては、困ったときにどこに行けばよいのか、どこに連絡すればよいのかなど具体的に知らせる必要があります。また、どの子どもが家庭で1人になる可能性が高いのか、学校は予め調査し、

定期的な家庭訪問や、1日1回は連絡がとれるようなシステムなど、子どもの安全面の手立てを考えておく必要があります。

③精神疾患、基礎疾患を持つ子どものケア

　精神疾患、基礎疾患を持つ子どもは特に感染症に対しては不安が高く、地域や学校周辺の感染症拡大の状況に過敏になっています。丁寧かつ頻繁に保護者と連絡を取り合うこと、及び養護教諭やスクールカウンセラーと連携をはかりながら、安心した学校生活が送れるよう組織的に取り組む必要があります。

④不登校、保健室登校

　今回の休校により、子どもたちとつながる一つの方法としてオンライン化が進みました。それらの機器を活用しながら、学校に来ることができなくても、日頃より定期的につながりをもっておくことが大切です。

　重要なことは、突然の休校に備えて、常に子どもと連絡が取れるよう環境整備をしておくこと、及び困ったときに子どもがSOSを出すことができるよう、具体的に指導しておくことです。

　こうした子どもたちの様子について、最も情報をもっているのが養護教諭です。保健室からの情報を共有しながらスクールカウンセラーやソーシャルワーカー、福祉関係者などと連携を取り、体制を整備しておく必要があります。

　特に近年では地域の子どもを取り巻く様々な活動を行っている機関、団体等との連携が重視されています。地域にどのような機関や活動があるのか、しっかりと把握し、日頃から訪問するなど連携しやすい体制を整えておくことが大切です。詳しくは4章の「4　地域との連携」で説明します。

（鎌塚 優子）

4章 ● 家庭や地域、外部との連携

1 家庭との連携

家庭での感染防止対策が学校での集団感染を防ぐ

　学校の臨時休業中及び学校再開後において子どもの感染事例は一定数生じており、その多くは家庭内での感染と言われています。2020年6月1日から7月31日までの間に文部科学省に報告があった児童生徒242人のうち、家庭内感染は57%（137人）、学校内感染5%（11人）、不明24%（57人）となっています。

　今後、学校内、特に中高生の部活動、学校外での活動や交流の中での感染件数が増加する可能性があります。

　現段階において学校内での感染拡大を防ぐためには、何よりも外からウイルスを持ち込まないことが重要となります。そのためには、児童生徒等のみならず、保護者や家族も含め、健康観察を実施するなど、家庭における感染症対策の徹底を依頼することが不可欠となります。

　そして、新型コロナウイルス感染症から子どもたちを守り、安心・安全な学校生活を送ることができるよう、各家庭においても「新しい生活様式」を踏まえた取組への協力が必要です。学校生活の中でいかに感染防止を徹底しても、仲の良い友人同士の家庭間の行き来や、家族ぐるみの交流を通じて感染が拡大しまうことを防がなくてはなりません。 以下は家庭への協力をお願いする文書の例です。こうした文書等を活用し、家庭への周知にも努めましょう。

「新しい生活様式」を踏まえた取組による家庭での協力

① 毎日の健康観察

・登校前の健康観察（毎夕朝の体温計測、風邪症状の確認）

・発熱等の症状がある場合は、自宅で休養させる。

・感染が蔓延している地域は、学校からの依頼に基づき、同居の家族に発熱等の風邪症状が見られる場合には、登校を控える。

② 手洗いの励行

・家に帰ったらまず手と顔を洗う。

・手洗いは30秒程度かけて水と石けんで丁寧に洗う。

③ 咳エチケットの徹底

④ 3密の回避（密閉、密集、密接）

・「密閉の回避」── こまめな換気（可能な限り常時行い、困難な時はこまめに、（30分に1回以上、数分程度、窓を全開にする）、2方向の窓を同時に開けて行う。

・「密集の回避」── 身体的距離（1〜2m）の確保をして、飛沫感染を防ぐ。

・「密接」の回避 ── マスクの着用をする。（外出時はできるだけマスクを着用する。ただし、熱中症になりそうな場合などは、身体的距離を保ってマスクを外す。

⑤ 抵抗力を高める

免疫力を高めるため、十分な睡眠、適度な運動やバランスの取れた食事を心がける。

家庭への事前の通知と周知

児童生徒の出席停止措置について、または学校が臨時休業になる場合が

あることについて、事前に保護者に周知しておくことが必要です。併せて、児童・生徒や家族が罹患した場合又は児童生徒が濃厚接触者となった場合には、速やかに学校へ連絡しておくことも必要です。（道上 恵美子）

【資料】 周知する内容

（1）出席停止について（次ページ、家庭通知書例参照）

①児童生徒が感染者となったとき。

②児童生徒が感染者の濃厚接触者に特定されたとき。

③児童生徒が風邪症状により登校を自粛したとき。

④家庭内に濃厚接触者や体調不良者がいることにより登校を自粛したとき。

（2）臨時休養について

⑤児童生徒や教職員が感染者となったとき。

⑥児童生徒や教職員が感染者の濃厚接触者となったとき。

（3）個人情報の取り扱いについて

感染者に関する情報は知らせない。

※（参考）出席停止等の取り扱いについて

指導要録上、「出席停止・忌引き等の日数」として記録するもの	学校保健安全法第19条の規定に基づく出席停止	・感染が判明した者 ・感染者の濃厚接触者に特定された者 ・発熱等の風邪症状がみられる者 ・（レベル2や3の地域において）同居の家族に発熱等の風邪の症状がみられる者
	「非常変災等児童生徒又は保護者の責任に帰すことができない事由で欠席した場合などで、校長が出席しなくてもよいと認めた日」	・医療的ケア児や基礎疾患児について、登校すべきではないと判断された場合 ・感染が不安で休ませたいと相談のあった児童生徒等について、感染経路のわからない患者が急激に増えている地域であるなどにより、感染の可能性が高まっていると保護者が考えるに合理的な理由があると校長が判断する場合

〇〇高第〇〇〇〇〇号
令和2年5月29日

保護者　様

〇〇県立〇〇高等学校長　〇〇　〇〇

新型コロナウイルス感染症対策のための出欠席の扱いについて

　青葉の候、保護者の皆様におかれましては、ますます御健勝のこととお喜び申し上げます。日頃、本校の教育活動に対し格別の御理解と御協力を賜り、心より深く感謝申し上げます。
　さて、6月1日からの学校再開にあたり、新型コロナウイルス感染症対策のための出欠席の扱いについて、下記のとおり御連絡いたします。
　なお、新型コロナウイルス感染症については、日々変化していることから、今後必要に応じて、対応等の変更や追加の可能性もあることを御承願います。

記

　以下の場合は、欠席とせず出席停止の扱いとなります。

状　　況	登校の目安
(1)生徒に感染が判明した場合	治癒するまで(医師の判断)
(2)生徒が感染者の濃厚接触者に特定された場合	感染者と濃厚接触をした日から起算して2週間(保健所や医師の指示)
(3)生徒に発熱等の風邪症状がある場合	治癒するまで　(現段階)
(4)基礎疾患等があり、主治医等から登校に関する指導があった場合	主治医の指示
(5)保護者が感染の不安から休ませたいと相談した場合(合理的な理由があると判断する場合)	保護者の判断
(6)同居の家族内に発熱等の風邪症状の者がいる場合はご相談ください	

　※「新型コロナウイルス感染症の拡大防止に係る出席停止届」を提出していただきます。

　学校では、学校再開等にあたり、感染予防対策として①手洗いの励行、②咳エチケット(マスクの着用等)、③教室等のこまめな換気、④人が多く触れる箇所の消毒、⑤健康観察表記入、⑥毎授業時の健康観察を心がけております。
　御家庭におかれましては、引き続きお子様の健康管理に御留意いただくとともに、毎朝、登校前に検温と風邪症状の確認をしていただき、登校に関する判断をよろしくお願いいたします。
　なお、登校後に発熱等の風邪症状が認められた場合は、原則保護者に連絡に御連絡した上で、帰宅の手続きを取りますので御了解ください。(上記表(3)参照)

```
【問い合わせ】
〇〇高校　教頭
TEL　〇〇〇-〇〇〇-〇〇〇〇
```

〈参考〉

・文部科学省「「新しい生活様式」を踏まえた御家庭での取組について(協力のお願い)」(2020年6月1日)
・文部科学省「学校における新型コロナウイルス感染症に関する衛生管理マニュアル 〜「学校の新しい生活様式」〜」(2020年8月6日 Ver.3)
・文部科学省「新型コロナウイルス感染症に対応した持続的な学校運営のためのガイドライン」(2020年7月5日確認)
・埼玉県教育委員会「県立学校版通常登校に向けたガイドライン(新型コロナウイルス感染防止対策)Ver.2」(2020年6月18日)

2 学校医・学校歯科医・学校薬剤師等との連携

　学校の感染症対策において、医者と病院との連携が大切なことは言うまでもありません。ここでは特に、学校医、学校歯科医及び学校薬剤師との連携についてまとめておきます。

　そもそも学校には、学校医、学校歯科医及び学校薬剤師を置くことが、学校保健安全法第23条に、職務内容は学校保健安全法施行規則第22～24条に定められています。学校医、学校歯科医、学校薬剤師には、定期健康診断や学校環境衛生検査をはじめ学校保健計画の策定や健康相談、保健指導、学校保健委員会等において専門的立場からの指導助言をいただくことはもとより、養護教諭が子供たちの健康問題解決のために地域の保健・医療機関との連携を図る際には、学校医・学校歯科医・学校薬剤師の協力が不可欠となります。

　新型コロナウイルス感染症に関しても、共通する職務内容として、感染症予防に関し必要な指導及び助言を行うことや、必要に応じ、学校における保健管理に関する専門的事項に関する技術及び指導に従事することが挙げられます。

学校医等への相談問答例

　以下、感染症対策を進めるにあたり、学校医等と連携を図った相談内容についてQ＆A形式で記します。

例1　学校医（1）

Q 毎日の健康観察の項目は？

　県から示された生徒と教職員が毎日行う健康観察の項目は、3月時点では朝の体温の他に12項目（咳、息苦しさ、鼻水・鼻づまり、のどの痛み、吐き気・嘔吐、結膜充血、頭痛、全身のだるさ、関節筋肉痛、下痢、意識障害、けいれん）がありました。厚生労働省が5月8日に「帰国者・接触者相談センター」に相談をする新たな目安を公表したことを機に、健康観察項目は、昨夕・今朝の体温に加えて5項目（咳・息苦しさ・頭痛・関節筋肉痛・だるさ）となりました。

A　健康観察の項目の変化の経緯を踏まえて、前記の内容に「家族に体調不良者がいる」を加えることでよいでしょう。※養護教諭の希望として「悩みや不安がある」を追加しました。（オンライン健康観察実施）

例2　学校医（2）

Q 発熱をどう判断するか？ 発熱の目安は？

　児童生徒に「発熱等の風邪症状がみられる場合は出席停止とする」の発熱をどう判断したらよいかについて、保護者のみならず、教職員からの質問も寄せられる可能性があったため、事前に学校にその判断を仰ぎました。

A　平熱は個人差があるため、「平熱よりも高く、いつもの自分の状態と比べて体がしんどい、気持ちが悪いなど発熱に伴う全身症状がある」場合と判断してよいでしょう。平熱より1度近く高い場合も考えられますが、症状には個人差があることが優先されます。

例3　学校医（3）

Q 風邪症状の目安は？ 何をもって風邪症状とするか？

A　厳密にいうと、のどの痛みや鼻水等の症状や腹痛・下痢・嘔吐の3つ合わせた症状も考えられるが、県の参考例として挙げられた項目の「発熱・咳・息苦しさ・頭痛・関節筋肉痛・だるさ」で当面実施することでよいのではないでしょうか。

例4　学校歯科医

Q うがいや給食・昼食後の歯みがき時の注意点は？

A （発達段階に応じて）保健指導や流し場へのポスター掲示等をして
ください。具体的には、①洗口場が込まないようにしましょう（ソ
ーシャルディスタンスを保つ。密にならないように時間をずらす。）
②歯みがき中の私語は慎みましょう（歯みがきによる飛沫が飛びや
すくなる。）　③歯みがき中は口を結んだ状態で（前歯の奥をみがく
ときは、口を手で覆ってみがく。）　④うがいをするときは、少ない
水で1～2回、吐き出すときは低い姿勢でゆっくりと。　⑤片付ける
ときは、歯ブラシを清潔に。

例5　学校薬剤師

Q 学校内の共有部分の消毒薬及び消毒時の留意点は？

A 通常の清掃活動の中にポイントを絞って消毒の効果を取り入れる考
え方で実施してください。消毒液は0.05％の次亜塩素酸ナトリ
ウム消毒液（金属部分は10分後に水拭き）、消毒用エタノール、家
庭用洗剤（新型コロナウイルスに対する有効性が認められた界面活
性剤を含むもの）です。1日に1回消毒をします。スプレーボトル
に入れた消毒液を直接物品に吹き付けず、ペーパータオルや布巾等
に吹き付けて（直接物品には吹き付けない）使用、消毒する部分を
一方向に拭いてください。（往復して拭くとはウイルスを再度付着
させる）。次亜塩素酸ナトリウム消毒液の場合、生徒には消毒をさ
せずに教職員が行ってください。

例6　学校薬剤師

Q 教室の換気の留意点は？

A 常時、教室の対角線上の窓を2か所開けるとともに、20～30分に
1回5分間、窓を開けて換気をすることを勧めます。冷房をつけた
場合も同様です。

連携を図るメリットとポイント

　連携を図る最大のメリットは、教職員や保護者への周知の根拠となることです。管理職は学校再開・通常登校に向けて、県や文部科学省からのガイドラインが出た際及び変更があった際、その内容について教職員への説明時に、「学校管理職の了解のもと学校医や学校薬剤師のご意見も伺っている」ことを加えて説明するとよいでしょう。

　また、日頃からの継続した関係づくりが大切です。学校医や学校薬剤師へ、「学校再開に向けたガイドライン」「通常登校に向けたガイドライン」を送付したり直接お届けしたりと、事前に相談する場合がある旨を伝えておくことが肝要です。自校学校医・学校薬剤師は、都道府県のガイドラインの他に、都道府県内の新型コロナウイルス感染症の発生状況をホームページで確認したり、文部科学省のガイドライン等を調べたり、都道府県の学校薬剤師会に問い合わせたりした上で、現段階での判断をしてくださいました。

　基本的な学校の感染症対策に関しては、迅速かつ的確に対処することができるよう、地方自治体内での衛生主管部局との連携や、学校医・学校薬剤師等の専門家と連携した学校における保健管理体制を築いていくことが重要です。日頃から学校の教育活動や保健室で察知した健康課題等の情報提供を積極的に行い、学校と学校医・学校薬剤師等との関係を継続して深めておくことが、学校を理解していただくことにつながります。

（道上 恵美子）

〈参考〉

・文部科学省「学校における新型コロナウイルス感染症に関する衛生管理マニュアル ～「学校の新しい生活様式」～」（2020年8月6日 Ver.3）
・三木とみ子・澤村文香ほか『新訂養護概説』2018年、ぎょうせい

3 福祉・行政との連携

　新型コロナウイルス感染症については、長期的な対応が求められる見込みです。「感染防止対策」と「学びの保証」の両輪で学校教育活動を展開していくためには、学校だけで抱え込んでいては進みません。福祉・行政との連携を大いに図り、協力を得ながら進めることが大切です。

連携のポイント

　ポイントの1つ目は、活用できる機関・施設の整理です。日頃から、教育委員会にはどんな部署がありどんなことを担当しているのか、近隣にはどのような機関・施設があり、連携を図るためにはどういった手順が必要かを確認し整理しておくことが重要です。

　2つ目は、組織としての対応を行うことです。福祉・行政との連携のポイントは、なんといっても「組織で対応」することです。担当だけで動くのではなく、学年会や保健部・教育相談部会などで課題の整理や対応を検討し、管理職に報告します。他機関との連携の窓口は管理職をとおして行います。その後の具体的なやり取りについては、状況に応じて担当者同士で行うこともありますが、必ず管理職に報告・連絡・相談・確認しながら進めることが重要です。

　担当　➡　部会　➡　管理職　⇔　他機関

具体的な連携

具体的には、機関毎に以下の視点で連携を試みられるとよいでしょう。

①教育委員会	・自治体としての方向性の確認、指導助言 ・感染防止、学びの保証に関する相談、指導助言 ・現場の実際の状況に関する情報提供 ・物品の調達、予算等の要求 ・臨時休業等の措置、報道対応　　等
②保健所	・感染管理に関する指導助言 ・感染者発生時の消毒等の指導助言 ・濃厚接触者の特定 ・臨時休業の範囲・期間についての助言　　等
③保健センター	・地域の感染状況の確認、情報共有 ・消毒等、感染防止対策に関する助言　　等
④教育センター等、 　各種相談窓口	・学習についての相談 ・いじめ、不登校、学校生活、性格等に関する悩み ・保護者対象の相談　　等
⑤児童相談所、 　子育て相談	・児童虐待（疑い含む） ・登校渋り、不登校、引きこもり ・両親ともに感染者になった子どもたちの対応についての 　相談　　等

国の施策の活用

具体的な連携とは少し異なりますが、今回の感染症については、国が様々な支援・施策・情報提供を行っています。文部科学省、厚生労働省を中心にホームページや相談窓口で確認し、児童生徒や保護者に情報提供していくことも重要です。本書の多くもこうした国の資料に負うところが大きいです。

（澤村 文香）

4 地域との連携

地域支援マップの作成

　学校は地域の教育活動の核となることは言うまでもありませんが、学校外での子どもたちの活動や様子などについては、学校はそれほど多くの情報を得ているわけではありません。しかし、地域においては公の機関だけでなく、子どもたちの活動や子どもたちの生活を支えているさまざまな支援団体があります。例えば、貧困家庭の子どもの食事の支援や学習サポート、外国籍の子どもたちへのサポート、障害や病気を抱えた子どもたちへの支援、学校に行くことができない不登校傾向のある子どもへの支援団体などです。

　具体的な支援として、経済的に困難な状況にある家庭へ食料を届けたり、見守り支援を行ったり、また一人親の家庭の無料保育や、医療的ケアが必要な家庭に必要な衛生用品を提供したりするなどの活動を行っている支援団体が増えています。これらの団体の他にも地域には子どもを取り巻く、さまざまな活動や機関があります。例えば、自治会や子ども会などもあります。また、多くの子どもたちが通っている塾や稽古事、日頃子どもたちがよく行くお店や、図書館などの公共機関などさまざまな活動、場所があります。

　学校が、学校外の子どもたちの様子を捉えておくことは難しいかもしれません。しかし、今回の新型コロナウイルス感染症の蔓延で一斉休校となったことにより、多くの子どもたちが1日を家や地域で過ごす事態となり

ました。今後も突然の休校等があることも考えられ、子どもたちの安全面や健康面が心配される状況も出てくるでしょう。

　そのため、今後は、地域にどのような機関や活動があるのか、地域支援マップ（下図）などを作成しておくとよいでしょう。また、定期的に訪問し何かあったときに地域の子どもたちを支援してもらえるよう、連携しておくことが大切です。

地域支援マップ（イメージ）

地域の希薄化をつなぐ役割

　最近では、子育てに不安を抱えたり、孤立感を持つ保護者が増加しているにもかかわらず、地域の自治会組織へ加入しない家庭や子ども会に参加しない保護者が増えています。つまり、周囲とつながる力が低下している傾向があります。学校は、地域にある活動や支援団体などを把握することで、孤立感を持っている保護者や支援を求めることができない状態にある保護者への積極的な情報提供や、スクールソーシャルワーカーを介しての支援を進めることも重要な役割の一つです。

　また、今回の教訓を活かし、地域学校協働活動推進事業[1]を活用したり、地域担当教員を配置するなどの工夫や、PTA活動を中心としながら地域とのつながりを強固なものにしていくことも大切です。

　文部科学省では、コミュニティ・スクール（学校運営協議会制度）である、「学校が地域住民等と目標やビジョンを共有し、地域と一体となって子供たちを育む「地域とともにある学校づくり」を推進しています。コミュニティ・スクールは、学校と保護者や地域と共に知恵を出し合い、学校運営に意見を反映させることで、一緒に協働しながら子どもたちの豊かな成長を支え「地域とともにある学校づくり」を進める法律（地方教育行政法第47条の5）に基づいた仕組みです。

　コミュニティ・スクールと地域学校協働活動とを一体化させ、推進する等、今後、これらの制度を活用しながら、世の中がどのような状況になっても迅速に対応し、子どもたちの命と安全、人権を守っていけるよう、地域と学校が連携・協働しやすい仕組みを作っておくことも大切です。

（鎌塚　優子）

〈参考〉
1　地域と学校が連携・協働して、地域全体で未来を担う子供たちの成長を支えていく活動。（中央教育審議会「新しい時代の教育や地方創生の実現に向けた学校と地域の連携・協働の在り方と今後の推進方策について（答申）」2015年12月21日）

5 補償と賠償責任について

　児童生徒や教員が新型コロナウイルスに感染した場合に、補償が受けられるのか、学校の設置者が賠償責任を負うのかについて説明します。

補償は受けられるのか

(1) 児童生徒の場合

　学校の管理下で感染した場合には、独立行政法人日本スポーツ振興センター災害給付の対象になる可能性があります。ただ、給付を受けるには、以下の2点がハードルになります。

　まず、学校の管理下で感染したのかという点です。どこで感染したかを特定することが困難であるからです。ただ、クラス内で複数の児童生徒が感染した場合などは、学校の管理下で感染したと言える可能性があります。

　次に、給付対象となる疾病に関しては、「独立行政法人日本スポーツ振興センター災害共済給付の基準に関する規程」に記載されています。同規程上は、新型コロナウイルスついて明示的な記載はありません。ただ、上記センターに問合せをしたところ、学校の管理下で感染したと言える場合には、給付の対象になる可能性があるとのことです。

　給付対象になるかは一律には判断できないものの、まずは上記センターに相談・申請すべきだと考えます。

（2）教員の場合

　業務に起因して感染した場合には、労災保険給付で補償を受けることができます。公立学校の場合は、地方公務員災害補償基金で補償を受けます。

　通常、補償を受けるには、感染経路を特定するというハードルがあります。ただ、厚生労働省の通知で、調査により感染経路が特定されない場合であっても、感染リスクが高いと考えられる以下のような業務に従事していた場合は、業務により感染した蓋然性が高く、業務に起因したものと認められるか否かを、個々の事案に即して適切に判断するとしています（令和2年4月28日付け基補発0428第1号）。また、地方公務員災害補償基金も上記通知と均衡を失しないように取り扱うとの通知を出しています（令和2年5月1日付け地基補発145号）。

　（例1）複数（請求人を含む）の感染者が確認された労働環境下での業務
　（例2）顧客等との近接や接触の機会が多い労働環境下での業務

賠償責任を負うのか？

　児童生徒については、個々の事案で検討が必要ですが、学校側が賠償責任を負うケースはあまりないと考えます。賠償責任が認められるか否かのポイントは、①「学校の管理下」で感染したのか、②学校側に「過失」があるのか（安全配慮義務違反）です。

　上記①については、前述のとおり、感染経路の特定が困難です。

　また、上記②については、学校が感染症対策を十分に取っていたのかが問われます。学校側が十分な感染症対策を取っていても感染する場合はあり、その場合には学校側は賠償責任を負いません。文部科学省は、2020年5月22日付けで「学校における新型コロナウィルス感染症に関する衛生管理マニュアル」（8月6日にVer.3更新）を出しています。したがっ

て、学校側の対策が十分であったかの判断において、重要な資料になると考えます。また、最新の科学的な知見に基づき上記マニュアルも随時更新されますので、常にフォローすることが重要です。

　なお、過剰な感染症対策によって、感染以外の問題（熱中症等）を生じさせないことも大切です。

　教員の場合も、判断の枠組みは、基本的には児童生徒の場合と同じになります。

（川原 祐介）

執筆者一覧・執筆分担

鎌塚 優子（編著者）………………………… はじめに、1章3、3章4、4章4

大沼 久美子（編著者）………………………… 3章1、
　　　　　　　　　　　　　　　　　　　学校の1日と感染症対策〈中学校編〉、
　　　　　　　　　　　　　　　　　　　学校の1日と感染症対策〈役割別〉

東 真理子 ……………………………………… 2章1、7
（足立区立弘道第一小学校主任養護教諭）

大島 紀人 ……………………………………… 3章3
（東京大学相談支援研究開発センター講師・医師（精神科医））

川原 祐介 ……………………………………… 4章5
（獨協地域と子ども法律事務所・弁護士）

澤村 文香 ……………………………………… 2章6、4章3
（埼玉県教育局県立学校部保健体育課指導主事）

謝村 錦芳 ……………………………………… 2章3・8
（一般社団法人埼玉県薬剤師会専務理事）

袴田 晃央 ……………………………………… 1章1・2、2章5
（富士見こどもクリニック・医師（小児科医））

道上 恵美子 …………………………………… 2章9、4章1・2
（埼玉県立草加東高等学校養護教諭）

満下 紀恵 ……………………………………… 2章10
（静岡県立こども病院・医師（小児循環器科医））

森 俊明 ………………………………………… 2章4
（静岡大学保健センター准教授・医師（内科医・産業医））

力丸 真智子 …………………………………… 学校の1日と感染症対策〈小学校編〉
（朝霞市立朝霞第五小学校養護教諭）

渡邊 睦美 ……………………………………… 3章2
（静岡市立清水第二中学校教諭）

【編著者プロフィール】

鎌塚 優子（かまづか・ゆうこ）

静岡大学教育学部教授

東京学芸大学大学院連合学校教育研究科修了（博士（教育学））。専門は学校保健学・養護実践学・特別支援教育に関わる健康教育。公立小・中学校養護教諭、岐阜聖徳学園大学短期大学部を経て2013年から現職。

大沼 久美子（おおぬま・くみこ）

女子栄養大学栄養学部教授

女子栄養大学大学院栄養学研究科保健学専攻修士課程修了（博士（保健学））。専門は応用健康科学、学校保健学、実践養護学。公立小・中学校養護教諭、教育センター等を経て、2010年より現職。

「新しい学校生活」のための 感染症対策ハンドブック

2020年9月30日　初版発行

編著者 ── 鎌塚 優子＋大沼 久美子
発行人 ── 花岡 萬之
発行所 ── 学事出版株式会社
　　　　　〒101-0021　東京都千代田区外神田2-2-3
　　　　　☎03-3255-5471
　　　　　HPアドレス http://www.gakuji.co.jp

編集担当 ── 二井　豪
デ ザ イ ン ── 細川 理恵
イラスト ── 後藤 美穂
編集協力 ── 上田　宙（烏有書林）
印刷・製本 ── 電算印刷株式会社